Rudolf Doernach / Gerhard Heid

Biohaus für Dorf und Stadt

Wohngemeinschaft zwischen Pflanzen, Tier und Mensch

Fischer
Taschenbuch
Verlag

fischer alternativ –
herausgegeben von Rudolf Brun

fischer alternativ
Eine Reihe des Fischer Taschenbuch Verlags
Dezember 1981
Originalausgabe (Typoskript)
Umschlagentwurf: Peter Hajnoczky, Zürich
Fischer Taschenbuch Verlag GmbH, Frankfurt am Main

Druck und Bindung: Clausen & Bosse, Leck
Printed in Germany
780-ISBN-3-596-24055-7

Vorwort

Im Prinzip wäre die Energie-Frage einfach zu lösen: Ein System - im kybernetischen Sinn - überlebt besser, wenn es aus eigener Energie lebt, als wenn es auf Fremdenergie angewiesen ist. Doch diese Einsicht ist in unserer Gesellschaft nur bedingt gültig.

Die "Energie-Krise", von der überall die Rede ist, wäre eine gute Gelegenheit, aus diesem Fehler zu lernen. Doch viele Technokraten scheinen in diesem Fall nicht lernfähig zu sein. Statt unsere Energieflüsse im Rahmen des Möglichen langfristig autark zu machen, versucht man immer noch das Heil in der Zufuhr von unmweltzerstörenden Fremdenergien. Wir kommen von dieser Energie-Sucht nicht mehr los.

Man stelle sich einmal vor, wo wir heute stehen würden, wenn wir für die Erforschung und Anwendung angepasster Technologien gleichviel getan hätten wie für die harten Technologien. Man stelle sich zudem vor, die Milliarden, die für sogenannte Konjunkturprogramme verfeuert wurden, wären für alternative Technologien ausgegeben worden. Die Erdöl-Rechnung sähe heute bestimmt anders aus, und die Zahl der Arbeitslosen wäre bestimmt geringer; denn der

Einsatz von erneuerbaren Energien ist definitionsgemäss arbeitsintensiv.

Doch da die Wachstumspolitiker die Vernunft eher in den "wertfreien" Extrapolationsspielen der Experten sehen als in den Kreisläufen der Natur, sind wir eben dorthin gelangt, wo man mit einer solchen Un-Politik gelangen muss: Die sozialen, wirtschaftlichen und politischen Systeme haben sich dank Fremdenergie so aufgebläht, daß sie wie Frösche zu platzen drohen. Dort wird in Massen gearbeitet, hier in Massen geschlafen, und dazwischen wird in Massen hin und her gependelt - wen wundert es, daß dabei Mensch, Gesellschaft und Natur auseinanderfallen?

Die Städte verschwinden in Ballungsgebieten, die Äcker beginnen unter dem Kunstdünger zu erodieren, die Monokulturen werden immer mehr pestizidsüchtiger, der Regen wird sauer, das Klima droht schon mittelfristig zu kippen, das Erbgut von Menschen wird gefährdet, die Zivilisationskrankheiten breiten sich aus, doch am Dogma der Expansion soll gleichwohl nicht gerüttelt werden.

In diesem Band stehen Selbstverständlichkeiten. In dem Maße wie wir eine menschenwürdige Entwicklung einem molochartigen Fortschritt opfern, in dem Maße haben wir uns von den Kreisläufen der Natur entfernt. Wir haben die Entfernung zwischen dem, was wir fühlen, denken und dem, was wir tun, so verinnerlicht, daß wir diese Un-Natur schon für unsere Natur halten.

Am Beispiel des Bio-Hauses lässt sich diese Fehlentwicklung in die Kollektiv-Erkrankung ablesen: Welcher Bauherr, welcher Architekt, welcher Bewohner eines Hauses würde sich ein Haus vorstellen, das keine Energie verbraucht, sondern sogar spendet? Wer kann heute noch eine solche Utopie als Prämisse seines Tuns anerkennen?

Dieser Band enthält Überlegungen, Anregungen dazu. Diese Sicht der Dinge ist uns aber zu sehr abhanden gekommen, als daß hier eine in sich geschlossene Theorie geboten werden könnte. Wir müssen wieder zur Natur in die Schule gehen, zum Beispiel lernen, bei kühler werdender Temperatur nicht zum Heizkörper zu rennen, sondern uns wärmer anzuziehen. Wer sich Spontanität, Mitgefühl und Autonomie des Denkens noch nicht wegwerben und wegrationalisieren liess, mag aus diesem Beispiel selber seine Schlüsse ziehen.

Rudolf Brun

1. Teil

Biohaus für Dorf und Stadt

Technik - Biologie - Biotektur

Zwei große Ströme wirken auf das Leben des Menschen: Technik und Natur. Technik entsteht - auch im Reich der Tiere - überall, wo sich Mängel zeigen. Technik ist immer schnell verfügbares Hilfsmittel, wenn die biologischen Prozesse zu langsam sind.

Aber beim Benützen von Technik stellen sich Nebenwirkungen ein: biologische, psychologische, ökologische. Diese Nebenwirkungen sind der Preis für die nur vordergründigen und kurzfristigen Vorteile von Technik. Wer mit Maschinen arbeitet, läßt Muskulatur, Gehirn und auch sein Gefühl verkümmern. Wer in eintönigem Monoklima, in Monokultur lebt, zahlt mit Gesundheit und Degeneration. Wer Technik mit nicht erneuerbarer Energie betreibt, bewirkt ökologische Verschmutzungen und Wärmeschäden, Schädigung aller Kreisläufe des Lebens.

Die Technik ist heute an die Grenze von Überproduktion und Nebenwirkungen gestoßen. Der technische Mut ist im Sinken, die Wirtschaft stagniert. Wohin geht die Reise?

Ein Blick in die Kulturgeschichte zeigt, daß relativ stabile Kulturen auf lokaler Sonnenenergie basieren, selten auf Bereicherung durch ortsfremde "Sklaven" oder Energiesklaven, wie Erdöl und Kohle, von Uran zu schweigen.

Nur Sonnen- und Windenergie, vor allem dezentral gewonnen und genützt, erzeugen stabile und saubere Umwelt ohne unheilbare Schäden, ohne den Krebs der Technikfolgen. Das heißt, daß die schnell verfügbaren Vorteile der Technik mit dem Gang der sonnenabhängigen, lebenden Systeme harmonieren müssen, insbesondere im Bauwesen. Es sollten also technische Systeme zuerst in bio-technische, biologisch orientierte, konvertiert werden, dann letztlich sogar in lebende.

Das bedeutet praktisch: Statt mit Milliardenaufwand Kohle zu verflüssigen, um in unseren Städten durch zentralisierte Nutzung wieder degenerierende Wärmeverschmutzung zu erzeugen, sollten wir mit Hilfe von Sonnenenergie Häuser wachsen lassen, Häuser, die O_2 produzieren, CO_2 und SO_2 reduzieren, Häuser, die Wärme und auch Feuchtigkeit speichern, Häuser, die - das ist auch nicht neu - Früchte tragen.

Etwa 1963 wurden analog zur Biochemie, Biogenetik, Biophysik die Grundlagen von lebender Architektur strukturiert. Die Öffentlichkeit (noch weniger die Schulen) nahmen kaum Notiz.
Ab 1963 entstanden bei Arbeiten am Mittelmeer die ersten Entwürfe für maritime Biotektur. Pneumatische, hygroskopische und hydropneumatische, organische Schalungen bildeten die Substrate für Schwimmkörper, die sich allseitig, auch innenseitig, bewachsen: von Sonne, Wind, Tieren und Mensch geschaffene und genützte lebende Umwelt. Der sogenannte "Biodom" war das erste Versuchsstück einer inzwischen größeren Versuchs-Serie von Biotektur, die immer noch auf privater Forschung gründet und es auch bleiben sollte, weil man Zukunft nicht vorbeamten kann.

Inzwischen ist durch systematische Grundlagenforschung überschaubar geworden, daß lebende Pflanzenarchitektur auch für lebenswichtige Stadtbegrünung, also natürliche Stadt-Klimatisierung, großen volkswirtschaftlichen Nutzen hat.

Pflanzen - auf Biosubstraten in Wohnung, Haus und Stadt gebracht - bewirken nicht nur Luftverbesserung und Vitalisierung von fernsehmüden Städtern. Die Gegenwart von Pflanzen auf Substraten, die aus mehreren organischen Stoffen bestehen können, reduziert beispielsweise drastisch die Krankheitsraten, hat also messbaren volkswirtschaftlichen Nutzen, direkt und indirekt, so wie die Bienenzucht einen direkten Nutzen für den Imker und einen indirekten tausendfachen Nutzen für die Land- und Obstwirtschaft hat.

In eine fernere Zukunft, die Technik und Lebendes integriert, reichen Pflanzenbausysteme, bei denen man nach den Methoden des "House Farming" vorgehen wird. Das wäre also vorgefertigte, vorgewachsene Biotektur: Man kultiviert transportable Teile eines Hauses oder ganze Häuser und bringt sie dann an die Baustelle.

So wird der Bauer zum Hausbauer. Der Unterschied zu früher ist entscheidend: Lebenswichtige Sauerstoff-spendende Bäume brauchen nicht umgehackt zu werden, um daraus ein Holzhaus zu machen. Es lassen sich vielmehr lebende Bäume als Tragstruktur eines Hauses mit einer räumlichen Form aus organischen Stoffen umgeben und durchwurzeln.

Sonnenenergie produziert so Häuser. Die lebenden Zellwände speichern die Sonnenenergie und heizen oder kühlen durch Verdunstung.

Vielleicht werden diesen letzten Schritt in lebende Architektur - in der übrigens der Mensch entstanden ist -

nicht alle Kulturen vollziehen können. Wie der wechselwarme Saurier zu einer Zeit nicht mehr anpassungsfähig genug war, so mag der große Teil einer verwöhnt-verwohnten, industriellen Gesellschaft in eine autonome Energiewirtschaft mit Biotektur nicht mehr folgen. Dann hätte wieder einmal Darwins Gesetz gewirkt, hätte Auslese stattgefunden - wie das seit Jahrmillionen geschieht, denn nur kurzfristig kann Ideologie verzögern, was die Natur am Leben hält: Selektion und Mutation.

Änderung ist die einzige Konstante der Evolution. Technik verstößt im Bereich des "homo faber" gegen diese primäre Konstante der Natur. Sie will Änderungen entgegenwirken und zerstört dabei ihre kurzsichtigen Erfinder, die nicht verstanden haben, ohne Großtechnik in Solidarität mit der Natur zu leben und sich zu entwickeln.

Ideen beherrschen primär die Welt, nicht Geld. Man kann sicher sein, daß es eine gute Idee ist, in produktiver statt in unproduktiver Umwelt zu leben, z.B. in früchtetragender Biotektur. Weltenergiekrise und Welthunger werden uns dies lehren.

Bauen mit Sonnenenergie und Pflanzen sollen wir nicht nur den Ländern überlassen, die mehr Sonneneinfall haben als wir, den Wüstenstaaten, Ländern, die heute über viel Geld verfügen, weil w i r Öl verheizen müssen, weil w i r in diesen Zugzwang aus Bequemlichkeit geraten sind.

Wir müssen, wollen wir überleben, Technik und Biologie zusammenbringen, sozusagen die schnelle Technik mit der langsamen Biologie "verheiraten". Im Bausektor macht das jetzt auch die jüngste Disziplin, die Biotektur. Überspitzt ausgedrückt ist das Ziel von Biotektur, Umweltsysteme zu erzeugen, die so vitalisierend und schadlos wirken wie ein

Wald und vielleicht auch - als Stadt - ähnlich aussehen. Das liest sich wie pure Utopie. Aber Utopie ist das nur für jene, die noch nicht gemerkt haben, daß nicht-biologisch orientierte Technik am Ende ist und ihre Erfinder frißt. Unsere Art von Technik ist im Verfall, Arbeitslosigkeit ist nicht nur ein Indiz für Ideenlosigkeit. Wer könnte sich das weniger leisten als die Deutschen?

Lebende Häuser wachsen zu lassen, dafür gibt es längst Vorläufer: Schon 1958 war es möglich, mit organischen Stoffen Häuser zu bauen, die als Minimalflächner wirtschaftlich heizbar waren und statisch wie Schalen wirkten. Damals ergaben sich schon "große" Ähnlichkeiten zwischen kleinen Lebewesen und Hausgebilden. Bereits damals kamen die ersten pneumatischen Baustoffe, der lebenden Urzelle ähnlich, zur Anwendung, um die sich die ersten fadenförmigen Proteine als Hydropneu (kleine Luftblasen) zu einem induzierenden System schlossen. Am Anfang biologisch orientierter Bausysteme stehen deswegen auch poröse, organische Baustoffe.

Etwa ab 1960 suchten wir weitere biologische Orientierung: Anpassung, Flexibilität, Variabilität, Regeneration von Baustoffen. Wieder waren es "zelluläre" Modelle, die zu biologisch ähnlichen Stadtbausystemen führten. Wieder waren mikrozelluläre Baustoffe dabei, diesmal organisch-anorganische Mischungen, der Brandstabilität wegen. Das z e l l u l ä r e Prinzip allen Lebens wurde also sowohl beim Baustoff als auch beim größeren Stadtbausystem angewendet. Ein durchgehendes Umwelt-Leitbild zeichnet sich so ab. Biologie und Bauen rückten einander näher. Der Philosoph würde sagen: Zum analytischen, zerteilenden Denkmodell der Technik paarte sich das biologische Ganzheitliche.

Der Mensch hat sich als Jäger-Sammler, als animalischer Pflanzenpartner, in lebender Pflanzen-Umwelt entwickelt. Er kroch, wie andere jetzt ausgestorbene Tiere vor ihm, in die Höhle, schuf tote Architektur und fing so an, seine biologische Entwicklung zu bremsen. Heute ertrinkt er als technischer Zauberlehrling in den Folgen seiner technischen Erfindungen.

Die Entwicklung von Technik wirkte zwar lange vorteilhaft und erhaltend, langfristig droht aber die Art durch Anfälligkeit zu verkümmern, z.B. durch körperliche Schäden, die sich möglicherweise weiter vererben. Einen Weg zurück, diese "Revolution", gibt es nicht. Es gibt aber den Weg des Zusammenschlusses hochentwickelter Systeme, Pflanzen und Menschen zu einer lebendigen Organisationsform, zu einer Biotektur zu verbinden.

Tote Architektur verödet heute Menschen und Wirtschaft. Wieder einmal ist die "harte Realität" zum Friedhof geworden. Änderungen stehen an. Bauen mit Sonnenenergie und Pflanzen ist ein Ziel, das sich die geistig Jungen vorgenommen haben. Es ist die fundamentale Herausforderung an die Lebensart des Menschen von heute. Biobau ist keine Kulissenproduktion mehr, kein Gestalten nur von Oberflächen.

Viele Zeichen sprechen dafür, daß Biotektur bessere und nützlichere Resultate zeitigt als die Fahrt zum Mond. Biotektur ist keine Flucht ins öde Jenseits, sondern Beschaffungsprogramm für Energie, Sauerstoff und saubere Nahrung, Beschaffungsprogramm auch für das "verlorene Glück", das wir, wie alle unsere Vorfahren, als energiespeichernde, also naturerhaltende Partner der Sonne suchen müssen.

Wer nicht-erneuerbare Stoffe verbrennt, verliert.

Lebensqualität

Der Weg zum Bio-Haus

Das "Biohaus" - ein Beispiel von vielen - erscheint heute manchem als ein Sprung nach vorne, als der Anfang biologischer Bausysteme. Doch basiert dieser große Sprung in Wirklichkeit auf vielen kleinen Versuchen und Irrtümern und Erfahrungen über einen Zeitraum von 20 Jahren:

Die geodätischen Kuppelbauten,
die halb so viel Energie und Baustoffe brauchen.
1955

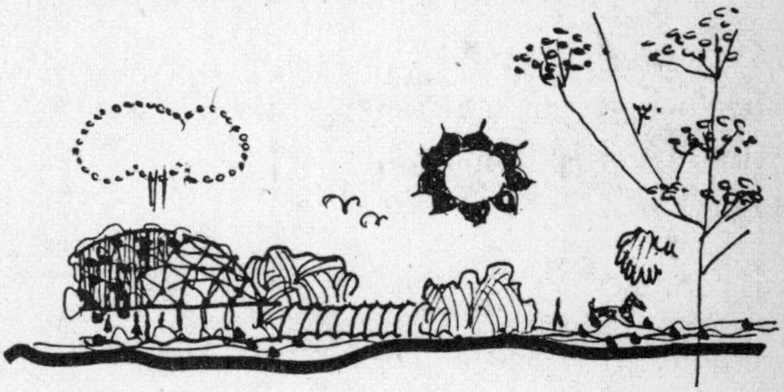

Die neuen Erfahrungen mit luftgetragenen organischen Schaumbaustoffen
1960

Entwicklung von
wachstumsfähigen Stadtbausystemen
1965

Forschungen an maritimen selbstwachsenden
Strukturen: Hydropolis
1970

Schließlich das langjährige Suchen und Beobachten von Pflanzen, Fassaden, Lauben und Pflanzenhäusern in vielen Ländern.

Das Biohaus ist ein Versuch der Harmonisierung und Integration vieler "alter Techniken" und Lebenskreisläufe zwischen Pflanzen, Tieren und Menschen, ein Versuch des Zusammenfassens 20-jähriger Erfahrungen.

Es wird einige Jahre dauern, bis dieses letzte Forschungshaus einigermaßen "grün" ist und unsere Ansprüche zu einem Teil erfüllt sind.

Ein Dialog

Von der technischen zur biologischen Gesellschaft.

K: Architektur und Stadt sind zu menschlicher Monokultur geworden. Tiere und Pflanzen verbannt und konzentriert in Zoo und Botanischem Garten - ist diese lebensfeindliche Fehlentwicklung, dieser evolutionäre Irrtum korrigierbar?

R: Wo ein Wille, ist auch ein Gebüsch. Die Wiedervereinigung von Land- und Stadtwirtschaft ist möglich, die wesentliche Vorausforschung ist geleistet. Biologische Architektur, kurz Biotektur, kann den parasitären, lebensfeindlichen Systemen zuerst helfen und sie später - nach und nach - ersetzen.

K: Das fängt also an mit Grünfassaden für sauerstoffarme Stadtschluchten und hört auf beim früchtetragenden mehrgeschossigen "grünen Stadtbausystem"?

R: Ja, produktive Dauerkulturen zwischen Pflanze, Tier und Menschen, das ist heute realisierbar, möglich. Unsinn ist Flicken am toten Patienten oder gar formalistisches teures Dekorieren.

K: Aber steckt nicht viel mehr hinter "Biotektur": vor allem ein bestimmtes Bild vom Menschen? Die Motive, liegen sie im Menschlichen, vielleicht im Anthroposophischen?

R: "Anthroposophisch" wäre mir zu begrenzt, zu fixiert. Eher "biosophisch". In meinem Weltbild ist der Mensch nicht Mittelpunkt des Geschehens, nicht H e r r s c h e r über alles Lebende, sondern Partner von Tieren und Pflanzen. - Im anthroposophischen Weltbild ist der Mensch ganz oben, dann kommen die dummen Tiere und dann die noch dümmeren Pflanzen. "Biosophie" dagegen bedeutet Partnerschaft, Gleichberechtigung, wechselseitige Anerkennung ...

K: Ist das denn gerechtfertigt?

R: Natürlich, sieh dir doch an, was so ein Schäfchen braucht, um sich vor Kälte, Regen und anderem Unbill zu schützen: ganze 4 Kilo Pelz! Und was türmen wir um uns herum an Textilien, Holz, Kunststoff, Beton und Blech? Nimm die Schulen, Krankenhäuser, Straßen und Fabriken hinzu, das sind 100 Tonnen pro Kopf, sicher nicht zu knapp geschätzt. Ist das vielleicht ein intelligentes System? Ein System, das mit r i e s i g e m materiellen Aufwand relativ wenig leistet?

K: Daran haben wir uns aber gewöhnt. Dieser sogenannte industrielle Fortschritt mit seiner Knöpfchenautomatik und seinen zugfreien Komfort-Appartements - der ist uns doch lieb und teuer. Dafür verbringen wir doch - trotz 150 Jahren arbeitssparender Erfindungen - immer noch die allermeisten unserer wachen Stunden mit irgendeiner öden Arbeit, lutschen an genormten Schreibtischen sitzend an ebenso genormten Bleistiften und anderen Schreibgeräten, um abends stolz den gefüllten Papierkorb der Aufwartefrau in die Hand zu drücken. Das Geld, das wir uns so verdienen, das macht uns doch immerhin frei und unabhängig. Das sollen wir alles so ohne weiteres aufgeben?

R: Erstens macht uns das alles andere als unabhängig und

zweitens werden wir vielleicht über kurz oder lang durch äußere Entwicklungen gezwungen, von solchen eingelullten Lebensweisen abzukommen. Fangen wir mit dem zweiten Punkt an: Wie lange tickt denn noch unser Industriesystem? Wie lange braucht es denn noch, bis es jeder weiß, daß die augenblicklichen Beschäftigungsprobleme nicht vorübergehender, sondern dauerhafter Natur sind?

K: Wie das -?

R: Nun, viele industrielle Arbeitsplätze wandern offenkundig mehr und mehr in Richtung auf Entwicklungsländer, wie z.B. nach Brasilien, in die vier "Klein-Japans", also Süd-Korea, Singapur, Taiwan und Hongkong. Die Industrieländer investieren dort, wo Arbeitskräfte gegenüber den OECD-Ländern teilweise um 90 % billiger sind, exportieren also Arbeitsplätze und lassen hier mehr und mehr Arbeitslose zurück. Dies ist wohlgemerkt strukturell, nicht etwa konjunkturell bedingt! Schon jetzt sind wir an die 18 Millionen in den westlichen Industrieländern ohne bezahlte Beschäftigung. Und die Zahl wird steigen, ohne daß wir uns allzu viel Hoffnung machen sollten, künftig etwa auf Kosten der Industriearbeiter in der Dritten Welt ein schlaues Leben wie einst die englischen Kolonialherren führen zu können. Johan Galtung hat wohl ganz recht, wenn er sagt:

> "Es ist außerordentlich naiv, zu glauben, daß unsere derzeitige Kontrolle der Industrie in der Dritten Welt andauern wird. Eine westliche Utopie besagt, die Industrieländer würden den Tertiärsektor ausbauen, also gewissermaßen die Papierarbeit machen, während die Industriearbeit in Dritte-Welt-Ländern

andauern wird. Ich glaube, daß sehr schnell der Zeitpunkt kommt, in dem die Entwicklungsländer sagen: "Nun gut, jetzt haben wir die Industrie, jetzt nationalisieren wir alles."

Wenn dies richtig ist (und alles spricht dafür), dann müssen wir uns schon selbst etwas einfallen lassen. Dann müssen wir lernen, uns - wenigstens teilweise - wieder selbst zu beschäftigen. Dabei können wir uns z.B. auf bewährte Praktiken unserer Altvorderen besinnen und ein Haus auf einem Stück Land oder eine Wohnung mit einem Stück Dachgarten nicht allein als schützende Hülle, sondern auch als Ernährer und Arbeitgeber betrachten.

K: Der Ansatz einer nach-industriellen Beschäftigungs-Therapie?

R: Ich würde nicht sagen "Therapie" im Sinne eines Kurierens an irgendwelchen Symptomen. Ich halte diesen Weg für eine schlichte Notwendigkeit, für etwas, was am Kern der Probleme ansetzen muß. Denn wenn das Exportwesen erst einmal zusammenbricht, das teilweise schon heute nur noch durch Subvention (die wir uns bald nicht mehr leisten können) funktioniert, dann ...

K: Der Hintergrund ist klar, aber machen wir uns die Konsequenzen des Ansatzes noch einmal deutlich. Heißt das, daß die Arbeitsteilung, die wirtschaftliche, die wir seit Adam Smith immer weiter und weiter vorangetrieben haben, ganz bewußt und mit positiver Zielsetzung nun wieder zurückgeschraubt werden soll?

R: Ich meine, das eine schließt das andere nicht aus. Man

kann einerseits ein teilweise mit spezieller Arbeit beschäftigter Mensch bleiben. Weil aber das System eben nicht mehr ausreichend Arbeit hergibt, vor allem nicht ausreichende humane Arbeit, schiebt sich eben das, was hier postuliert wird, daneben. Der Spezialist schließt ja auch den Generalisten nicht unbedingt aus. So wird man z.B. in 20 Jahren seine 20 oder 25 Wochenstunden bezahl-Arbeit irgendwo noch finden können, daneben aber um das Haus herum die Anfänge eigener Nahrungs-, Energie- und anderer Quellen für das Lebensnotwendige aufbauen, es sei denn, man vertraute weiter auf den berühmten "Großen Bruder", den mit dem Sozialnetz, dessen Haltbarkeit offensichtlich nachlässt.

K: Ist dieser Aspekt, nämlich den Menschen künftig zumindest eine "Nebenbeschäftigung" (möglicherweise sogar eine lebensfüllende Haupttätigkeit) zu liefern, ein zentrales Anliegen der Biotektur, ein Pfeiler der "Biosophie", oder hat sich dieser Punkt mehr nebenher ergeben?

R: Das ist mit Sicherheit der wichtigste Punkt. Denn wenn es hier nicht gelingt, wenigstens ein Stück voranzukommen, auf dem Weg weg von Typ des industriellen Kettensträflings hin zum autonomen Menschen, der seine Probleme s e l b s t in die Hand nimmt, dann sieht es finster aus. Denn wie die Dinge sich entwickeln, werden Industrie und Staat die Zukunftsaufgaben immer weniger in den Griff bekommen. Das bedeutet: Energiekriege, Rohstoff-Krisen, Bürgerunruhen, Verfall der großen Städte und was sonst noch alles zu erwarten ist, sind kaum von oben zu lösen. "Staats-Versagen" ist klar erkennbar, damit auch Verfall von Groß-Demokratie". Es bleibt nichts anderes übrig, als zu versuchen, Probleme von unten, von den Wurzeln her, anzugehen.

K: Was heißt das für den einzelnen?

R: Nun, der einzelne wird sich zumindest in Teilbereichen seiner Existenz abkoppeln müssen von den Arbeits- und Konsumkreisläufen der Industrie, von der scheinbaren Daseinsvorsorge der Verwaltung kurz von dem, was Johan Galtung der Einfachheit halber BKI nennt, Bürokratie, Kapital und (fehlgeleitete) Intelligenz (man denke an die Universitäten, die eine Fülle arbeitsteilig fragmentierter Wissenschaft anbieten, aber kaum in der Lage sind, zur Lösung der kommenden Aufgaben beizutragen). Der einzelne wird dafür ein Stückchen Selbstverwirklichung zurückgewinnen, wird natürliche Bindungen wieder entdecken, sich in die kleinen Kreisläufe der Natur einschalten usw., usw.

K: Biotektur also als einer der Wege zu einem freieren, autonomen Menschen...

R: Nichts anderes.

K: Und die Gesellschaft - die zentralisiert - aufgesplittert, in eine Vielzahl autonomer Einheiten -?

R: Nein, so weit würde ich nicht gehen. Teile der alten Strukturen werden immer ihre Bedeutung behalten. Man kann allenfalls an eine 50 : 50 - Relation zwischen Abhängigkeit und Autonomie denken. Mehr sicher nicht. Das ist dann eine gute Mischung zwischen Außenverflechtung (samt Vorteilen aus Arbeitsteilung) und Gewinnung von Kraft aus dem inneren, dem autonomen Bereich. In puncto künftiger Gesellschaftsstruktur drückt Galtung das etwa so aus:

> "Ich glaube nicht daran, daß die ideale Gesellschaft eine Ansammlung von vielen tausend Kleinkommunen

sein wird. Wir wissen sicher nicht, wie die ideale Gesellschaft aussehen wird. Aber als allgemeine Formel kann vielleicht doch gelten: eine große Menge von Einzelheiten verschiedener Größen, in der es wohl auch einige Großstrukturen gibt. Man könnte das polystrukturell nennen."

Klar, daß sich derartige Strukturen nur schwer mit irgendwelchen Mono-Ideologien in Einklang bringen lassen.

K: Lassen wir die Ideologie-Frage noch einen Moment ruhen. Wie konkret kann man sich den "Autonomie-Bereich" des künftigen Zeitgenossen vorstellen?

R: Eines ist klar: Wenn das bisherige System dereinst einmal nicht mehr als die Hälfte der üblichen Arbeitszeit abdeckt, dann braucht man ein Umfeld, in dem sinnvolle, d.h. biologisch orientierte Tätigkeiten geleistet werden können. Also nicht nur Micky-Maus-Hefte und vormittags fernsehen. Das wäre dann z.B. ein Haus, das man mindestens teilweise selber baut, ein Haus, das einen Teil der notwendigen Energie selbst beschafft, ein Haus, das für einen Teil der Nahrung sorgt, ein Haus, das vor allem die zunehmende Ideologisierung der Kinder durch ein zu sehr spezialisierendes Schulsystem stoppt.

K: Die Natur als Lehrmeister -?

R: Ja, drücken doch die Kinder heute geschlagene 15 Jahre die Schulbank, ohne mit viel mehr als mit weißem oder bedrucktem Papier in Berührung zu kommen. Im eigenen (biologisch vernünftig konzipierten) Haus und am eigenen Haus hingegen könnten sie handgreiflicher erleben, wie natürliche Kreisläufe und natürliche Partnerschaften funktionieren, wie mit knapper Energie umzugehen und wie nachwachsende Rohstoffe zu gewinnen sind, wie die

Umwelt geschont wird, Zivilisationskrankheiten verhindert werden und...

K: Also einmal geht es der Biotektur um das Bauen als Form der Selbstverwirklichung oder Selbstbeschäftigung, dann aber auch um das Wohnen im engen Wechselspiel mit der Natur, um die Einbettung des Menschen in natürliche Kreisläufe ...

R: Und das bedeutet eben, nicht nur einmal am Tag auf den Thermostaten zu drücken (wo bald ohnehin kein Öl mehr dahinter sein wird), und nicht nur dreimal am Tag 10 Liter Wasser gedankenlos durch das WC zu jagen, sondern sinnvoll und möglichst umweltschonend mit knappen Ressourcen hauszuhalten...

K: Wie ein Pfadfinder bei der Geländeübung...?

R: Ja, das Problem ist natürlich, daß wir vieles nicht mehr gewöhnt, mit vielem nicht mehr vertraut sind. Wir haben technische Kreisläufe und Einrichtungen - wie den besagten Thermostaten oder die Spülung des WC, die nur einen Knopfdruck erfordern. Die anderen, die Naturkreisläufe dagegen sind nun einmal etwas weniger simpel zu bedienen. Und diese Umstellung, diese Notwendigkeit, plötzlich wieder alle sieben Sinne, alle Wahrnehmungsorgane zu gebrauchen, erfordert nicht nur Zeit, sondern auch die Bereitschaft, umzudenken und auf ganz neuen Gebieten aktiv zu werden.

K: Da kommen wir schon auf einzelne Probleme des biologischen Bauens und Wohnens zu sprechen. Sollen wir vorher noch einmal den Versuch machen, die wichtigsten Biotektur-Prinzipien zusammenzufassen?

R: Das kann und soll allerdings kein festgefügter Kanon

sein. Biotektur ist nicht gleichbedeutend mit einem nur einzigen - oder gar optimalen - Weg. Je nach Ort und äußeren Umständen wird man immer zu unterschiedlichen Lösungen kommen. Gemeinsam ist all dies nur das Prinzip, in möglichst großer Autonomie in die Kreisläufe der Natur einzuschalten.

K: Ohne anderen dabei zu schaden...

R: Ja, ohne daß man anderen damit schadet. Wie das im einzelnen gemacht wird, ob mehr mit avangardistischen Lösungen à la ... oder mehr mit einfachen oder naiven Bautypen, die archaischen Formen nachempfunden sind, das entscheiden der persönliche Geschmack, das Geschick und die finanziellen Mittel des "autonomen Bauers" und seine Überzeugungskraft gegenüber der Bürokratie.

K: Festzuhalten ist aber doch: Biotektur ist kein Lebensprinzip schlechthin, sondern zunächst einmal eine Sammlung von Bau- und Wohnprinzipien oder -?

R: Vielleicht greifen wir noch einmal auf den übergeordneten Begriff wie "Biosophie" zurück. Biosophie bedeutet Partnerschaft zwischen Mensch, Pflanzen und Tier. Es gibt dabei keinen Schädling mehr, sondern nur noch den "Nützling", der einem anderen Partner in irgendeiner Weise dient. Diese Biosophie ist für mich das Wichtigste. Sie ist weder eine fixierte Ideologie noch ein eindeutiges System, eher eine Systemvielfalt ... Überspitzt: ein systemloses System, ohne Chef.

K: Konkret, was macht die Einstellung namens "Biosophie" so zentral für den Menschen und seinen Lebensraum, den er mit anderen Produkten der Natur teilt, was gibt uns das so viel mehr im Vergleich mit heute, wo bestimmt nicht von Partnerschaft gesprochen werden kann?

R: Wenn der Mensch sich gleichsam als Diktator über Tier und Pflanzen aufschwingt, wenn er kurzfristige Zuchterfolge und schnellen Ertrag sucht, so wie heute in den Agrarfabriken, dann schadet er durch seine rücksichtslosen Eingriffe nicht nur den verschiedenen Arten, die er als eines seiner Versuchsobjekte betrachtet, sondern langfristig auch sich selbst, indem er - wie oft gezeigt - Schritt um Schritt seine natürlichen Grundlagen ruiniert. Dagegen ist es eine höhere Weisheit, sich kooperativ zu verhalten, *sich eher selbst* anzupassen als z.B. in die genetischen Programme einzugreifen und etwa im Schwarzwald indische Zebu-Rinder heimisch zu machen. Dahin gehört auch prinzipiell, Polykulturen zu pflegen, anstelle der heute üblichen Monokulturen, damit z.B. nie eine Art sich zum "reinen" Schädling entwickeln kann. In der Endform der Partnerschaft würden dann auch beispielsweise Tiere nicht mehr geschlachtet, sondern man würde nur noch Milch nehmen.

K: Eine Ideologie der Freundschaft -?

R: Nein, auch das ist nüchternes Kalkül: Der Ertrag (in Kalorien) ist langfristig höher.

K: Wie stehen nun Biosophie und Biotektur zueinander -?

R: "Biosophie" lernt man - oder besser noch: erfährt man - im täglichen Umgang mit der Natur, abgekoppelt vom Schulsystem des "Großen Bruders" ohne Lehrer und festen Stundenplan, wobei genaugenommen Pflanzen, Tiere und die Gesamtheit der natürlichen Vorgänge die Rolle von "Lehrmeistern" übernehmen. Wer will, kann alle diese Lehr- und Lernvorgänge zusammen "Bioversität" nennen und die papierenen Systeme unserer Schulen und Hochschulen vergessen, einfach ignorieren.

K: Und aus der Beobachtung und im Umgang mit der Natur erwachsen dann nach und nach - regional angepaßte - Bau- und Wohnprinzipien, Biotektur genannt?

R: Ja, so entstehen dann individuelle Biohäuser, entstehen bestmöglich angepaßte Bau- und Wohnformen, die man (teilweise) selbst baut, die Früchte tragen können, die für Energie sorgen, die die Umwelt nicht belasten usw.

K: Und damit wäre auch schon manches zur Abgrenzung von der herkömmlichen Architektur gesagt.

R: Bei der Biotektur ist der Bauherr selbst auch bei der Planung schöpferisch tätig und aktiv bei der Ausführung dabei. Der Mensch kann hier wieder wie als Kind seinem Urtrieb nachgehen ("ich bin" und "ich baue" leiten sich beide von derselben Wurzel "buan" her). Er fügt sich ein in die Natur, treibt keinen Raubbau, ist ein Glied in der Kette ... Ein Stück Architektur dagegen ist oft parasitär, kann sich nicht selbst auf- und abbauen, kostet Zinsen, bringt vielleicht Mieten, aber sonst keine - natürlichen - Erträge, belastet die Umwelt und kann am Ende der Nutzungszeit oft noch nicht einmal in den Naturkreislauf zurückgegeben werden.

K: Und wie ist das jetzt genau mit den Baustoffen -? Muß es stets Holz sein, das mit Bienenwachs behandelt ist, oder Fensterglas, das in einem Do-it-yourself-Verfahren erzeugt wurde?

R: Wesentlich für die Biotektur ist, daß lebende Kreisläufe m a x i m i e r t und tote Kreisläufe m i n i m i e r t werden, im Gegensatz zu Architektur. Die optimale Biotektur ist eine ganz lebende Struktur, ein lebendes selbstwachsendes Pflanzenhaus. In dem Sinne ist dann freilich das "Biohaus" erst ein schüchterner Anfang, weil hier zwar Naturprodukte verwendet wurden, aber doch noch in nichtlebender Form. Fernziel ist z.B. der "Stadtbaum" oder das "grüne Stadtbausystem", wo eine Art Hilfsstruktur so lange Tragfunktion übernimmt, bis die lebende Substanz in diese Aufgabe buchstäblich hineingewachsen ist. Dann wird Haus - Dorf - Stadt oder das Dorf in der Stadt lebende Dauerkultur, früchtetragendes Paradies...

Gegenüberstellungen

Während man in den letzten hundert Jahren davon ausging, ein Haus mit Leitungen zu ver- und entsorgen, drängte sich bei immer fragwürdigerer Fremd-Energieversorgung die Idee auf, ob ein Haus nicht, wie ein Baum, Selbstversorger sein könnte.

Durch Forschungen in diesem Bereich entwickelte sich in den letzten zwanzig Jahren die Denkrichtung "Biotektur", die sich von der Architektur so wesentlich unterscheidet wie ein Baum von einem Stein.

Architektur	Biotektur
Kosten	
Kompliziertes perfektes Detail bringt hohe Bau- und Energiekosten, d.h. ca. 20-jährige Zinslast	Selbstbau unter fachmännischer Anleitung, einfaches System, dadurch etwa halbe Bau- und Energiekosten, geringe Kapitallast. "Was man nicht selber macht, versteht man nicht, kann es auch nicht lieben"
Baustoffe	
Mit viel Energie hergestellt: Beton, Ziegel, Stahl, Aluminium	Baustoffe direkt von der Sonnen-Energie, also der Land- und Forstwirtschaft: Holz, Stroh, Lehm, Pflanzen
Versorgung	
Von weither: Öl, Kohle, Gas, Uran, Wasser	Energie von Sonne, Wind, Wasser, Luft, Geothermik. Energie aus lebenden Pflanzen und Mikro-Organismen (Biomeiler)

Architektur	Biotektur
Fassadenbegrünung	
Früher in alten Städten Spalierfassaden, um Vogelnistplätze zur Insektenvertilgung zu sichern und zur Ernte von Früchten.	Biotektur ist durch einen immergrünen Pflanzenpelz in die Natur eingegliedert: dadurch im Winter wärmegedämmt, im Sommer gekühlt. Pflanzenpelz produziert Sauerstoff, Biomasse und Humus, reduziert CO_2, dämpft Schall, schluckt Staub und Luftviren.
Kreisläufe	
Versorgung mit umweltbelastenden Stoffen von außen. Abfälle belasten die Umwelt, ebenso Abgase.	Ein Biohaus ist Energiefänger für Sonnergie, Windenergie, Geothermik und so gestaltet, daß die Abwärme von einem Teil dem anderen zugute kommt. Die Reststoffe vom Menschen werden zu Rohstoffen für Pflanze und Tier
Bauform	
Kubisch, große Abkühlungs- bzw. Aufheizungsflächen, energieverschwendend	Energiesparende Geometrie z.B. Sechseck, Rundform, materialsparende, biogene Form

Entsorgung

Mit langen Leitungen, großen Investitionen zu Kläranlagen, Belastung der Flüsse	Selbst-Entsorgung durch Kompost-Klo (Biothron): geruchfreie, belüftete Fermentierung zur Herstellung von Kompost. Herstellung von Biogas aus Reststoffen

Energiespeicher

Schmutzige, übelriechende oder gefährliche Energieträger	Die Energieträger, z.B. Kies oder Wasserflaschen müssen nur einmal in den Speicher gebracht werden und dort per Sonnergie oder Windenergie geladen

Isolierung

Biologisch unbekannte durch Zusätze, Biozide etc. oft negative Qualität	Garantierte positive biologische Qualität: Rundholz direkt vom Wald. Brandgeschütztes Stroh, Heraklith, Strohlehm

Nahrung der Bewohner

Von chemisierter Landwirtschaft, Importe	Nahrung: aus biologischer Hauswirtschaft, Pflanzen *am* Haus und *im* Haus und *als* Haus. Kleintiere und Fische als Rest-Stoffverwerter und Hersteller von Kompost

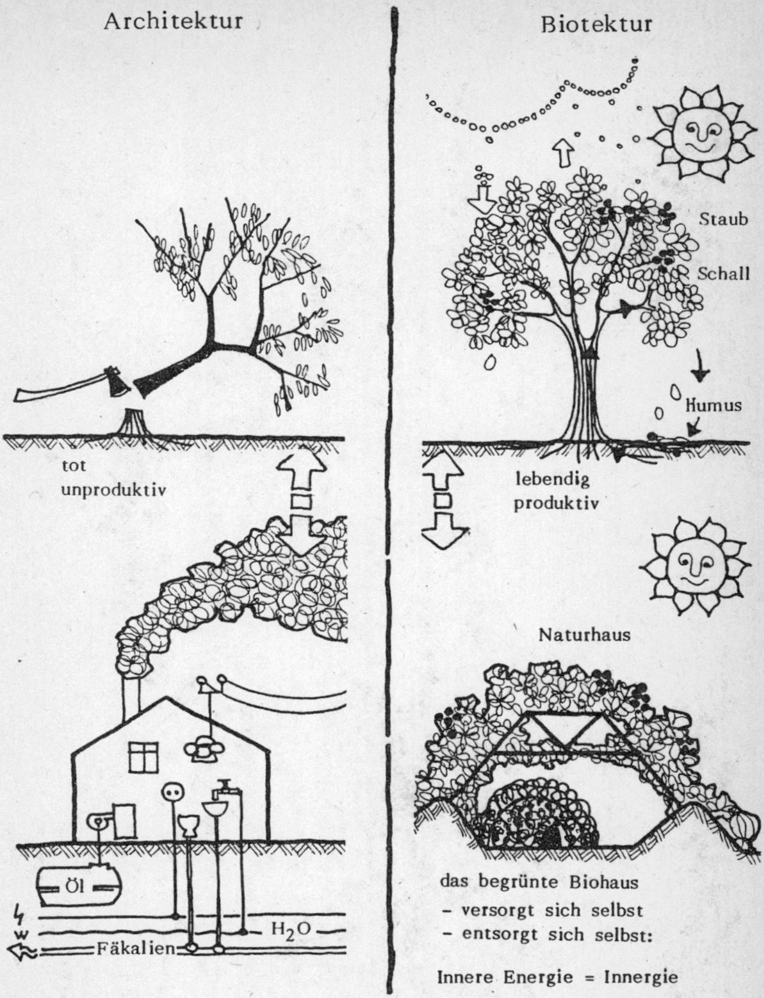
Architektur
Biotektur
Staub
Schall
Humus
tot
unproduktiv
lebendig
produktiv
Naturhaus
Öl
H_2O
Fäkalien
das begrünte Biohaus
- versorgt sich selbst
- entsorgt sich selbst:
Innere Energie = Innergie

Die beste Wärme kommt von innen

Arbeitslosigkeit, Hunger und damit die Gefahr von Bürgerkriegen lassen sich vermeiden; doch dazu bedarf es auch des Einsatzes alternativer, erneuerbarer Energien mit menschenfreundlichen, auch arbeitsintensiven Techniken. Dies bedeutet aber die Abkehr von technokratischer Innovation und erfordert dann die Entwicklung von "i n n e r e n E n e r g i e n".

In fernöstlichen Kulturen können Menschen durch Meditation Herzschlag und Atmung verlangsamen, so daß sie den Kalorienverbrauch zu senken vermögen. Es ist durchaus möglich, mit bewusster Selbststeuerung den Körper zu gewöhnen, auf ihn einzuwirken und so "i n n e r e K r e a t i v i t ä t" zu entwickeln.

Aufschlußreich sind hierzu auch Forschungen, die das Leben des subtropischen, auf 20°C konditionierten Menschen für ein härteres Klima möglich und vielleicht gesünder machen. (Jahresdurchschnitt BRD 7°C)

Waldbauern - zum Beispiel - erzeugen bei ihrer Arbeit in großer Kälte immer noch mehr als genügend "innere" Energie. Für den Bauern gab es früher kein "schlechtes" Wetter: Wenn es kalt war, suchte er geradezu die Kälte draußen, arbeitete m i t der Kälte und empfand dann den Wohnraum um so wärmer.

Könnten mehr Menschen solche Arbeit wollen, heute, beim Trend "Ins-Büro-Gehen", wo ohnehin die Gefahr wächst, durch Schreibautomaten und Computer wegrationalisiert zu werden? Umgekehrt gefragt: Wäre in Westdeutschland (zehnmal mehr Einwohner pro qkm als Weltdurchschnitt) überhaupt Platz für so viel Arbeit im Freien? Welche biologisch sinnvollen Arbeiten - außer ins Holz zu gehen - gäbe es denn im Winter?

Australische Eingeborene können unbekleidet noch bei 0°C schlafen, was auch die Temperaturgrenze zu sein scheint, die für Eskimos noch erträglich ist. Einer der ersten Bio-Bauer, Stellwag, berichtet in seinem Büchlein "Kraut und Rüben" von Polenfrauen, die den ganzen Winter ohne Schuhe mit krebsroten Füßen im Schnee liefen.

Die chinesische Frau, die im Haus arbeitete, war früher mit Fettpolster-Wärmeschutz das gesellschaftliche Ideal. Der im Freien arbeitende Mann hatte Bewegungs-Heizung. Die Frau (klein - rund - langsam, mit eingebundenen Füßen) war deshalb einer minimalen Abkühlung ausgesetzt. Dies sind gewiß Grenzfälle.

Versuche in unseren Verhältnissen ergaben, daß im Winter bei gemischter Arbeit Raum-Temperaturen von 12°C schon erträglich sind, und dies ohne längeres Training. Die ausgeprägte, intensiv gewollte Bereitschaft, kann möglicherweise bis etwa 50 % Heizenergie sparen, bei gleichzeitigem Gewinn an Gesundheit und geringerer Belastung der Umwelt. Damit ist auch vorstellbar, daß bei längerem Training eine Außentemperatur von 7°C als normal empfunden wird, bei entsprechend höherem Kalorienverbrauch.

Wer alle seine Überlebensorgane im Spiel mit seinen Partnern noch nutzt, wer im Zusammenspiel aller Sinne (wieviel sind es?) lebt, der "friert weniger", bringt noch sinnliche Energie auf, braucht weniger Heizung.

Sinnvolle, besser isolierende Kleidung trägt zum Energiesparen bei. Die mehrhülligen Kleider früherer Zeiten wirkten als "Isolierglocken". Bauersfrauen trugen oft fünf bis sechs lange Röcke übereinander. Die Mönchskutte ist so konzipiert, daß die Wärme von innen als "Wärmeblase" sich nur langsam verliert. Die Kutte ist weit genug geschneidert, um Luft als bestmöglichen Isolator beim Körper zu halten, eine Konstruktionsregel, die der heutigen Mode fremd ist. Heute werden enganliegende Kleidungsstücke, oft der Körperkontur folgend, fast ohne Luftpolster getragen. Eine sinnvolle Lösung bestünde vielleicht in der Entwicklung neuer Klimakleidung, mit der man vielfältige Arbeiten verrichten kann und in der Suche nach Wegen zu der "inneren" Bereitschaft, sich umzustellen.

Heute, wo ä u ß e r e Heizung zum falschen Statussymbol und teurer geworden ist, werden die Möglichkeiten i n n e r e r Heizungstechnik vollkommen verdrängt.

Liegen in der "Synergie" noch Reserven, sozusagen im Einkuscheln, im Zusammenspiel mit anderen Lebewesen? Die Bioheizung des warmen Kuhstalls, über dem der Bauer früher noch schlief, wohnte und arbeitete, ist hierfür ein Beispiel. Auch heute noch liegt im traditionellen Schwarzwaldhaus das Wohnzimmer oft über dem Kuhstall: Körperwärme der Tiere wird zu Nutzwärme für den Menschen. Über dem Wohnzimmer lagert zur kältesten Zeit des Jahres "eßbare Isolierung": Heu und Stroh.

Es wird deutlich, daß beträchtliche "innere" Energien nicht nur aus e i n e r Quelle fließen können, sondern eher aus vielen, zusammenwirkend, kombinierbar, austauschbar, eben synergetisch.

Es lohnt sich zu untersuchen, ob nicht durch biologische Kreativität zur inneren Energiegewinnung rundum bessere Ergebnisse erzielbar sind als bisherige technische Erfindungen.

Weil soviel voraussehbare Energie-Not nicht von Wenigen lösbar ist, seien Fragen an unsere Leser gestellt: Von welchen Beispielen aus diesem Bereich wissen Sie? Welche spontanen Einfälle zur Weckung "innerer Energie" haben Sie?

Allgemeiner gefragt: Gibt es Sozialsysteme, die kälteunempfindlich machen? (Wer hat je einen echt Verliebten frieren sehen?)

Würde man weniger frieren, wenn der Tod in der Vorstellung nichts Schmerzhaftes wäre, sondern eher ein Wechsel in einen anderen Zustand?

Baum und Kleidung haben ähnliche, schindelartige Überschuppung

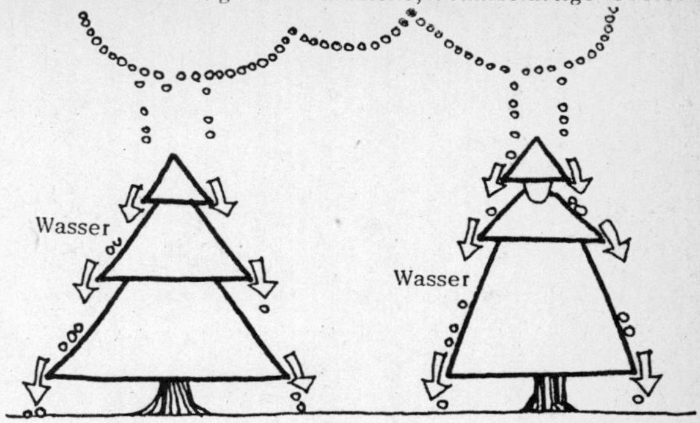

Wasser wird abgeleitet als Wasserkaskade : Ableitung

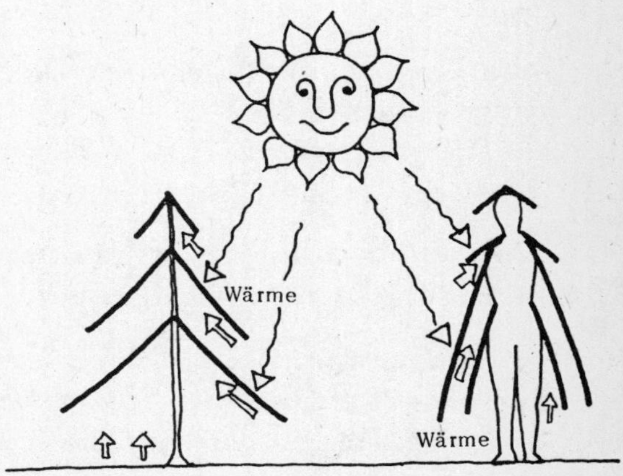

Wärme wird konserviert als Wärmeglocke : Zuleitung

Thermoregulierung bei Tieren

Warmblütige Tiere müssen ihre "Kerntemperatur" bei wechselnder Umwelt-Temperatur auf möglichst gleicher Höhe halten.

Temperatur-regelnde Mechanismen treten bei geringen Temperaturschwankungen kaum in Funktion, sondern nur bei Klimawechsel.

Das Schwein, aus dem Wald stammend, hat relativ geringe Regulationsmöglichkeit. Das Rind, am Waldrand zuhause, veträgt tiefe Temperaturen. Das Pferd, an die Steppe gewöhnt, verträgt die größten Extreme.

Thermo-Regulation bei Tieren lässt sich durch Aufzuchtbedingungen und Training regulieren. Verringerung der Oberflächentemperatur durch Anpassung des Unterhautbindegewebes ist auch erwachsenen Tieren noch möglich.

Zuerst braucht der Organismus mehr Energie, bei zunehmender Anpassung geht der Mehrverbrauch zurück, Wärmeabgabe wird biologisch vermindert. Der Mehrverbrauch im Kaltstall gegenüber Warmstall liegt bei 10%.

Tiere im Kaltstall bekommen weniger Erkältungen, Kaltstall-Pferde sind konstitutionell überlegen.

Gleichmäßige Stalltemperaturen und Behaglichkeitszonen sind nicht erstrebenswert, weil die biologischen Klimareize auf das Regulationsvermögen für die Gesundheit unentbehrlich sind.

Kalthaltung begünstigt Dauerleistung durch Erhöhung des Hämoglobingehaltes. Lichtmangel beeinflusst den Hämoglobinwert und die Funktion der Nebennieren, die bei Kälte-streß wichtig sind. Bei schlechter Stall-Luft wird mehr Wärme abgegeben. (Nach Ulrich Schnitzer)

Überträgt man diese biologischen Zusammenhänge sinngemäß auf menschliche Wohnungen, so findet man als physiologisch optimale Lösung das mehr oder weniger windgeschützte Habitat im Wald mit schwankender Lufttemperatur, deren Extreme gedämpft werden.

Der Nahrungsmehrverbrauch wird unter diesen Bedingungen auf ca. 50 % geschätzt, also auf insgesamt 3.000 cal täglich. Für äußere Energie - also Heizung - geben wir in unserer Industriegesellschaft mindestens 10 mal mehr pro Tag aus, degenerieren dabei, werden krank und schädigen die Umwelt.

Biodynamische Spielregeln

1. Der Mensch braucht, will er gesund bleiben, relativ kühle Umgebungstemperaturen.

2. Es gibt keine "richtige" Durchschnittstemperatur. "Richtig" ist abhängig von Tätigkeit, Alter, Jahreszeit...

3. Bei Arbeit, die man gerne macht, kommt man mit relativ geringeren Umgebungstemperaturen aus.

4. Auge und Hand sind bei niedrigen Umgebungstemperaturen besser koordiniert.
Im Stehen ist man geistig produktiver.

5. Relativ hohe Temperaturen ermüden bis hin zu Schwindelgefühlen.

6. Je näher man sich an die Grenze von niedrigem Wärmekomfort begibt, um so besser "funktioniert" man kurz- und langfristig.

7. Man kann über gewisse Trainingszeiten die Bereitschaft ("Willenschaft") zu niedrigen Temperaturen entwickeln, von + 20°C bis + 10°C.

8. Wenn man sich an relativ geringe Raumtemperaturen gewöhnt, ist die Differenz zur Außentemperatur geringer, man verbringt d a n n gerne mehr Zeit im Naturklima.

9. Im Herbst sollte man möglichst spät die Heizung in Gang setzen, gut essen und viel schlafen, viel Bewegung, natürliche Arbeit...

10. Man soll bei niedrigen Raumtemperaturen regelmäßig von "innen her heizen", z.B. durch sinnvolle Bewegung (Getreide mahlen, rhythmische Bewegung...)

11. Man kann im Sommer die Bereitschaft zu "röstender" Wärme, im Winter dagegen die Bereitschaft zur Kälte pflegen. Die eine Einstellung fördert das Potential zur anderen: Wer sich auf Sommerhitze einzustellen vermag, erträgt auch besser Winterkälte.

12. Man meide überheizte Räume, sie mindern sehr schnell die Bereitschaft zu Reizklima und Wechselklima.

13. Man sollte bei niedriger Außentemperatur schlafen, mit dicken Wolldecken, auch Wollmütze...

14. Bei 10°C verliert der bekleidete Mensch etwa 50 % der Körpertemperatur über den Kopf! Eine Mütze ist daher das wichtigste und wirksamste Kleidungsstück für Wohlbefinden in relativ niedriger Umgebungstemperatur.

15. Unausgeschlafen, bei Nutzung von viel Kunstlicht, Fernsehlicht... braucht man höhere Innentemperaturen. Empfehlung für den Winter: Mehr schlafen als im Sommer, Kerzenlicht, weniger TV...

16. Kleidung bringt optimale Wärme-Anpassung, wenn man flexibel "Schicht über Schicht" trägt, also Abwärme verhindert oder erlaubt: Wärme-Anpassung durch An- und Ablegen geeigneter "Hüllen".

17. Fußwärme ist von größter Bedeutung. Fellschuhe und Strumpf-Fell-Filzschuhe sind optimal.

18. Um Raumtemperaturen niedrig zu halten, kann man auch im Haus Fellschuhe, Pullover, Daunenwesten, Strumpfmützen... tragen. Besonders wichtig: Warme Nierengegend!

19. Streß-Balance: Wer sich im Leben nicht genug gefordert fühlt, kann "Kälte-Streß" als Ausgleich suchen. Wer

sich vom Leben überfordert fühlt, kann nicht auch noch ein hohes Maß an Temperaturstreß tragen.

20. Im Sommer mehr Früchte und Gemüse essen, im Winter energiereichere Nahrung: Die jahreszeitlich richtige "Heizung von innen" ist die wirtschaftlichste und biologische.

21. Bei Streß erreichen Nährstoffe im Blutkreislauf schlechter die äußeren Körperteile, wir frieren. Wenn wir Entspannung durch viel Schlaf, heiße Bäder, Sauna, Yoga, Musik, Meditation... suchen, funktioniert die "innere Heizung" besser.

22. Farben im Raum: Gelb, Rot, Braun, Orange... steigern das thermische Wohlbefinden: Farbe heizt psychologisch, von innen her. (Unsere Wohnräume sollten von kühler Sommerfarbe zu warmer Winterfarbe wechseln können.)

23. Wärmezentrum im Haus: Eine Stelle um ab und zu aufzuwärmen, damit man wieder niedrigere Temperaturen aushalten kann. In Japan, bei Häusern, die beinahe Außentemperatur haben, steigt man ab und zu in ein sehr heißes Bad oder sitzt unter einem "kotatsu", einem Holzgestell, das mit einer Steppdecke überzogen ist. Krankheitsraten in Japan im Vergleich zur BRD sind niedrig.

24. Raumbeleuchtung: Eine 10-W-Quelle mit rotorangem Licht erzeugt eine um ca. 2°C höher empfundene Raumtemperatur.

25. Wie beim System kommunizierender Röhren erzeugt positives Zusammenwirken menschlicher Sinne Wohlbefinden bei geringeren Umgebungstemperaturen. Man kann also gleichzeitig optisch-akustisch-haptisch und mit Gerüchen heizen, mit Farbe, Vielfalt, Klängen, Harmonie...

Aus der Botschaft des Seattle, des Häuptlings der Duwamesh-Indiander, die dieser 1855 an den 14. Präsidenten der Vereinigten Staaten von Nord-Amerika richtete.

"Die Luft ist kostbar für den roten Mann, denn alle Dinge teilen denselben Atem: Das Tier, der Baum, der Mensch - sie alle teilen denselben Atem."

"Wir sind ein Teil der Erde und sie ist ein Teil von uns. Die duftenden Blumen sind unsere Schwestern, die Rehe, das Pferd, der große Adler - sind unsere Brüder."

"Die felsigen Höhen, die saftigen Wiesen, die Körperwärme der Ponys und des Menschen - sie alle gehören zur gleichen Familie."

Firma Natur

Die Firma Natur ist die größte und bestausgestattete Firma. Sie hat die erfahrenste und energiereichste Forschungsabteilung der Erde.

Die Firma Natur erforscht eine endlose Vielzahl von Techniken zur Erfüllung von Aufgaben. Sie hatte unbegrenzte Zeit zur Verfügung, um Variationen durchzuspielen.

Es ist deswegen nicht verwunderlich, daß die Firma Natur über die besten, zuverlässigen und wirtschaftlichsten Verfahren verfügt.

Deswegen ist es sinnvoll, daß der Mensch seine Lebensbasis umfassend und biozentrisch bei der Firma Natur sichert, daß er bei ihr lernt, Verlorenes wiederentdeckt und Verfahren übernimmt, die die Firma Natur anbietet:

Natürliche Energie:	Bio-Energie
Natürliches Bauen:	Biotektur
Natürliches Denken:	Biosophie

Leistungen von Pflanzen

Wesentliche Erkenntnis liefert die Betrachtung eines Pflanzenblattes: Es ist ein lebender Sonnenkollektor. Er dreht sich im täglichen und jährlichen Sonnenzyklus nach der Lichteinstrahlung. Das Blatt hebt sich im Sommer nach dem hohen Sonnenstand und wirkt so als Lüftungsjalousie. Eine Kaminwirkung zwischen Pflanze und Gebäude unterstützt die Verdunstung der Pflanze. So wird nicht nur ein einzelnes Gebäude klimatisiert, sondern sogar "Stadtwind" erzeugt.
Im Winter dagegen senkt sich das Blatt bei der immergrünen Pflanze aufgrund geringeren hydrostatischen Drucks nach dem niedrigen Sonnenstand und bildet, mit anderen Blättern überschuppend, einen fast stehenden isolierenden Luftraum vor dem Gebäude. So kommt die Energiesparwirkung zustande.
In heißen Ländern ist vor allem die Kühlwirkung der Pflanze interessant, in unseren Gegenden sind geringe Erzeugung von Wärme und ihre passiven Wärmedämmeigenschaften von Bedeutung.

Bäume sind sich selbst erneuernde und selbstwachsende Kollektoren von Sonnenenergie und Luftverschmutzung. Sie ernähren sich aus der Luft, ernten Energie aus der Sonne, absorbieren Schall, speichern Feuchtigkeit und säubern die Luft: Die Blattoberfläche bestimmt die Produktion eines Baumes. Eine Buche, 25 m hoch, Kronendurchmesser 14 m, Blattoberfläche ca. 1.500 qm, erzeugt im Jahresdurchschnitt den Sauerstoff für mindestens 10 Menschen. Wenn diese Buche gefällt oder durch Umweltschäden zerstört wird, braucht man 2.000 junge Buchen, um die gleiche Leistung zu erzielen.

Erhellendes über Bio-Energie

Zwei Bauern aus Vevey am Genfer See brachten bei einer Diskussionsveranstaltung ein 50-Liter-Faß, gefüllt mit aus Mist gewonnenem Biogas, stellten ihren 1.000-Watt-Kleingenerator auf, koppelten die Beleuchtung vom Netz ab und erhellten den Saal und die Teilnehmer.
Biogas wird über anaerobe Gärprozesse (Bakterien) gewonnen. Sie sind der üblichen Gaserzeugung durch Verbrennung überlegen, weil ohne Schadwirkung durch Rauchgase und Verbrauch von Luftsauerstoff Energie in Form von Methan (CH_4) gewonnen wird.

50 cbm Mist werden mit Hochleistungsbakterien in 18 Tagen voll vergärt. Eine Kuh produziert den Gegenwert von ca. 300 kg Heizöl im Jahr. Ein mittlerer Bauernhof beliefert sich selbst mit einem Heizöl-Gegenwert von ca. 5.000 bis 10.000 Litern. Z.B. fünf Prozent des Schweizer Energiebedarfs ließen sich nur mit Mistgas decken (ohne sonstige Quellen für Biogas, wie Klee, Holz, Müll, Abwasser).
Langzeitspeicherung und Druckspeicherung von Methangas ist kostspielig, was die Verwertung sommerlicher Überproduktion von Biogas schwierig macht, es sei denn, die örtlichen Umstände erlauben eine Nutzung der Energie durch Hochpumpen von Wasser in einen Speichersee. Biogasmotoren mit Wärmerückgewinnung erreichen einen Wirkungsgrad von 90 Prozent (25 Prozent mechanische Energie, 65 Prozent Wärme). Zum Verbrennen von Biogas bei konventionellen Motoren sind nur ein Schwefelabscheider und ein anderer Vergaser notwendig. Dezentrale Elektrizitätserzeugung mit Biogas hat damit also einen viermal höheren Wirkungsgrad als das öffentliche Netz.

Ein kleines Beispiel

Die Abbildung zeigt ein Haus aus Weidenstecklingen. Diese werden durch Wind- und Sonnenenergie zu einem Hyperboloid gelenkt, einer gewachsenen Kuppel mit doppelschaligem Raumfachwerk. Die Zwischenräume sind mit Quecken-armierten Biosubstrat-Säcken gefüllt, die sich außen begrünen und nach innen isolieren.
Dieses kleine Biohaus wächst auch aus der Luft, also aus CO_2, verdaut Reststoffe und heizt sich - je nach Standort - teilweise selbst. Es geht eines Tages als Naturprodukt wieder selbst in den Naturkreislauf über.
Die Kuppel kann man den Himmelsrichtungen entsprechend früchtetragend und immergrün überwachsen lassen. Als Naturgebilde verändert sie Oberfläche und Farben in den Jahreszeiten wie ein Baum.

Naturbauweisen

Schwarzwälder Bauernhaus

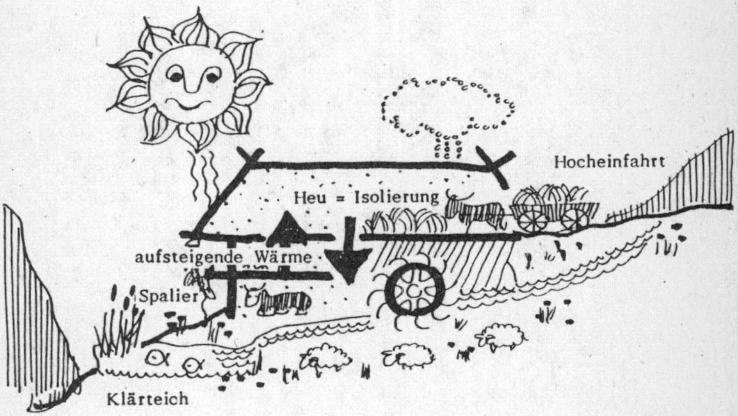

Das Schwarzwälder Bauernhaus ist so in die Landschaft eingegliedert, daß mit einem Minimum an Energie alle notwendigen Naturstoffe ins Haus gelangen können und dort als "Isolierstoffe" (Heu, Stroh) in größter Menge gelagert werden, wenn es am kältesten ist.

Ohne weitere Fremdenergie können diese Stoffe dann "per Schwerkraft" transportiert und verfüttert werden und gehen dann als Mist in die tiefer liegenden Fruchtfelder.

Die Thermokonvektion der Stallungen heizt gegenläufig zum Schwerkraft-Transport der Naturstoffe die darüberliegenden Wohnräume.

Isländer Biotektur

Das Isländer Bauernhaus entwickelte sich in einer Gegend, in der extreme Energie-Armut herrscht. Die nach außen abstrahlende Oberfläche wurde dadurch minimiert, daß es zum Teil eingegraben ist. Meterdicke Außenwände bauen sich aus drei Zonen auf:

trocken: Isolierung
halbfeucht: Bio-Heizung durch Mikro-Organismen
feucht: Pflanzenträger Weide

Innen: ausgetrocknete Torfwände, die isolieren

Im Mittelbereich: Bio-Energie-produzierende Kompostsubstanz.

Außen: Pflanzentreibende Humusschicht, ein "Sonnenkollektor", dessen Bepflanzung von Tieren abgeweidet wird.

Die Bauweise bringt kaum Windangriffs- und damit Abkühlungsflächen.

Evolution

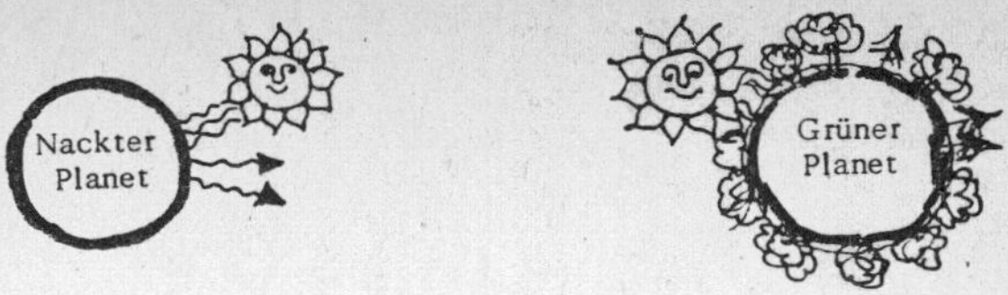

im Ur-Laub: Das Über-Mit-Nebeneinander

das historische Energie-Haus der Bauern

Schwerkraft und Wärmeauftrieb bestimmen das optimale Übereinander, Nebeneinander, Miteinander der Lebenspartner - also alle Transporte von Materie und Energie

Mexikanische Terrassen

Mittelamerikanische Bergdörfer entwickeln - wohl auch zur Tarnung - vor historischen Höhlenwohnungen "Bioterrassen": Aus diesen Reststoff-Terrassen wachsen Biolauben, die sommers den Kühlschleier der Höhlenwohnungen konservieren, winters und nachts dagegen als "Thermosdeckel" helfen, die Wärme zu halten und durch Abwärme auch selbst heizen.

Man lebt einen sehr großen Teil des Jahres in der "Ur-Laube", die Sonnenenergie transformiert, Früchte trägt, Reststoffe verzehrt und vor Feinden tarnt.

Perspektiven

Der Industrialismus, die arbeitsteilige Gesellschaft, ist letztlich menschen- und naturverachtend. Sie hat den Menschen zum Spezialisten degradiert, die bio-logischen Verfahren der Natur zu überlisten versucht und dabei offensichtlich nur Scheinerfolge erzielt.

Unsere lebensfeindliche Technik ist ein mißratener Versuch, die ganzheitliche Weisheit der Natur auszuschalten. Diese Technik ist ein evolutionärer Irrtum, der zur Selbstvernichtung führt.

In nur hundert Jahren fragmentierter Wissenschaft entstanden auf diesem Planeten über zweihundert Prozent m e h r Wüste; Städte und Autobahnen nicht mitgerechnet (Le Roy).

Doch an versteckten Stellen entstehen kleine Überlebensinseln, wo Pflanzen, Tiere und Menschen miteinander Lehrer, Helfer und Freund sind, eine winzige "Arche Noah", die noch viele Ausleger braucht, wenn sie von den vielen gestürmt wird, die an Bord wollen.

Wir haben sehr wenig Zeit, deswegen brauchen wir schnelle (=technische) Lösungen.

Oder:
Wir haben sehr wenig Zeit, deswegen müssen wir sehr langsam machen (fernöstliche Weisheit).

Hoffen wir, daß die westliche Weisheit die fernöstliche nicht ausschließt. Etablierte Industrien werden bestehende Bauten innen und außen mit Isoliermassen überziehen, um so die Energiebilanz zu bereinigen. Dies wird eine Renaissance von Gewächshausfassaden, Energiefassaden, Chamäleonfassaden geben, die als Energiefänger die massiven Speichermassen von Gebäuden nutzen. In härteren Klimata wird der Energiegewinn gerade die Baukosten ausgleichen.

Der Schub in Richtung "wohngesunde Bauweisen" mit "baubiologisch gesunden, strahlungsfreien" Materialien läuft parallel. Eine Renaissance alten Wissens und traditioneller Baustoffe von Holz bis Backstein, von Schindeln bis Kalkputz, wird sich verstärken.

Die Forschungsrichtung "Ökologisches Bauen" geht einige Schritte weiter. Sie sucht Gebäudeformen, die Naturenergien in Kreisläufe einbeziehen. Es wird Gebäude geben, die sich von verschwenderischen Systemen abkoppeln und Selbstversorgung sowie Selbstentsorgung ermöglichen, wenigstens teilweise.

Schließlich Biotektur: Sonnenkinder, Pflanzenbausysteme aus lebenden Baustoffen, bis eines Tages Naturbehausungen in Vielfalt wachsen, wo in Dauerkulturen Pflanzen, Tiere und Menschen in Partnerschaft leben. Kurzfristiges, Halbrichtiges wird also parallel laufen zu Längerfristigem, Hoffnungsträchtigem.

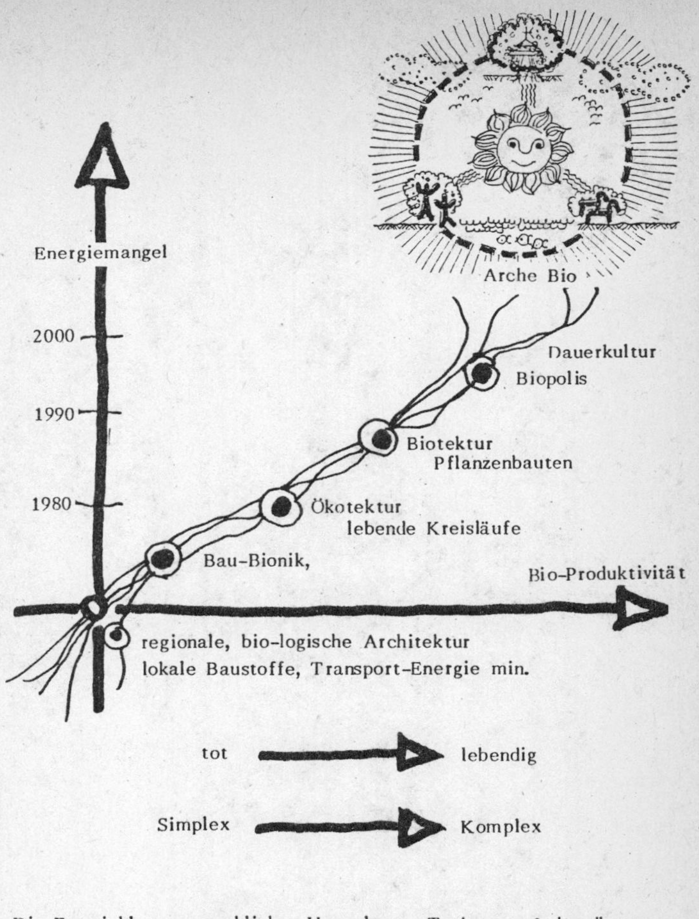

Die Entwicklung menschlicher Umwelt von Totbau zu Lebendbau

Mit der Natur leben

Pflanzen, Tiere und Menschen lernen solidarisch. So entwickelt sich Leben in Vielfalt, so entsteht Bioversität.

1. Naturorientierte Lerngemeinschaften

   Als lebensfreundliche Wissenschaft gilt das, was jeder selbst begreifen kann.

2. Naturorientierte Landwirtschaft

   Der Mensch als Konservator von Bodenleben und Betreuer von Mischkultur: Baumlandwirtschaft und Langzeitkulturen mit Weidetieren.

3. Naturorientierte Architektur - Biotektur

   Naturbaustoffe, lebende Pflanzen. Bauten, die Sonnenenergie verarbeiten.

4. Naturorientierter Verkehr

   Systeme mit Sonnenenergie, Windenergie, Muskelkraft.

5. Naturorientierte Energiegewinnung

   Energie aus Biomasse, lebenden Mikro-Organismen, z.B. Kompostabwärme.

6. Naturorientierte Berufe

Vielfältige, körperliche und geistige Tätigkeiten, ohne Zwangskörperschaften.

7. Naturorientierte Produktion

Dezentral, überschaubar, gruppengerecht ohne Großtechnik.

8. Naturorientierte Heilkunde

Selbstheilung statt Fremdheilung, Gesundheitskassen statt Krankenkassen.

9. Naturorientierte Politik

Der Mensch nicht als Beherrscher der Pflanzen, Tiere und Menschen, sondern lebensfreundlicher Partner.

Harter Weg		Sanfter Weg		Kein Weg
Architektur	→	Biotektur	←	Öde, Verwüstung
Verstädterung	→	Dorf/Dorf in der Stadt	←	Soziale Verwahrlosung
Verplanung	→	Eigeninitiative	←	Chaos
Technische Heizung	→	Biologische Heizung (innere Wärme)	←	Erfrieren
Technokratische Innovation	→	Innere und soziale Kreativität	←	Stagnation
Naturbeherrschung	→	Natur-Verstärkung Förderung	←	Umweltvernichtung
Realistisches Verhalten	→	Schaffen von Realitäten	←	Realitätsverlust
Verdrängung	→	Erlebnisfähigkeit	←	Neurose
Anonyme Vermassung	→	Persönliche Beziehungen	←	Einsamkeit

Fremde Hilfe	→	Eigenhilfe Gegenseitige Hilfe	←	Hilflosigkeit
Verschulung	→	Selbsttätiges Lernen	←	Sprachlosigkeit
Verwandtschaft	→	Wahlverwandtschaft	←	Isolation
Fremdbestimmung	→	Selbst- und Mitbestimmung	←	Entfremdung
Zentralismus	→	Dezentralisation/ Regionalismus	←	Heimatlosigkeit
Entwicklungshilfe	→	Selbstentwicklung	←	Ausbeutung der 3. Welt
Fremdenergie	→	Eigenenergie	←	Entropie
Fremdversorgung	→	Selbstversorgung	←	Verhungern
Arbeitsteilung	→	Generalist und Spezialist zugleich	←	Verkümmern der eigenen Fähigkeiten
Tauschwert	→	Gebrauchswert	←	Nullwert Wertvernichtung
Verschwenderischer Konsum	→	naturorientierte Bedürfnisbefriedigung	←	Absolute Armut
Massenproduktion	→	Eigenproduktion	←	Mittellosigkeit

2. Teil

Ein Biohaus

Vorfertigung oder Selbstbau

Tiere haben die "bio-logische" Geduld, zu warten, bis ihr Körper auf neue Umweltforderungen reagiert. Dann lassen sie von "innen heraus" - durch Mutation und Selektion - z.B. einen Pelz wachsen oder eine Flosse oder einen Huf.

Anders der Mensch: Er schaltet "alloplastisch", löst heute beinahe alle Probleme v o n a u ß e n her mit Technik. Wenn es ihn friert, heizt er, baut er ein Haus oder zieht einen Pullover an. I n n e r l i c h will er sich nicht festlegen, ä u ß e r l i c h will er Haus, Heizung, Pullover wechseln.

Der Mensch hat sich darauf spezialisiert, Generalist zu sein. Das unterscheidet ihn vom Tier. Tiere sind für ihre Umwelt auf bestimmte Organe spezialisiert, also auf Hufe, Flossen, Pelz.

Man könnte sagen: Der Mensch ist nur glücklich, wenn er G e n e r a l i s t sein kann, indem er a l l e s oder v i e l selbst machen kann, wenn er nicht beplant wird, er nicht als Spezialist sich mit Vorgefertigtem abfinden muß, mit Dingen, die er nicht selber gemacht hat und daher nicht mehr versteht und nicht liebt.

Das uralte biologische Programm des Menschen seit dem ersten Steinkeil heißt: Generalist sein, das Potential haben, möglichst viel selbst zu machen und sich dabei von Spezialistenfreunden helfen zu lassen:

Würmer, die den Boden pflügen;
Vögel, die schädliche Nützlinge vertilgen;
Tiere, die für ihn arbeiten und für die er auch Heu macht.

Das ist es, was wir an einem Haus lieben, das ein "Alleskönner" recht und schlecht gebaut hat:

die Individualität,
die Möglichkeit, selbst zu reparieren,
die Autonomie des "Alleskönners", der für sich selbst sorgen kann,
die Vergänglichkeit,
Platz für Neues.

Die Geschichte der Natur lehrt: Nur Vielfalt ist entwicklungsfähig, kann überleben. Monokulturen haben keinen Bestand, zerstören sich selber.

Vieles spricht gegen den Totalitarismus des Vorgefertigten - aber hier, heute, 1981, gibt es noch kein Selbstbau-Fensterglas. Aber in diesen bewegten Zeiten kann es nicht lange dauern, bis ein junger Alternativler vielleicht etwas Schönes und Lustiges findet.

Der Mensch hat sich also seit Tausenden von Jahren darauf spezialisiert, Generalist zu sein. Hat er sich deswegen vielleicht so sehr aus der Natur ausgeschaltet? Ist er deswegen vielleicht Umweltfeind Nr. 1?

Lebende Bausysteme, die Energie ernten

Seit Baustoffe nicht mehr von der Land- und Forstwirtschaft kommen, sondern die Umwelt belastend aus dem Erdinnern geholt werden, gibt es beträchtliche baubiologische Probleme. Gesundes Wohnen ist wahrscheinlich nur mit land- und forstwirtschaftlichen Produkten möglich. Es lebt sich wahrscheinlich am besten mit Baustoffen aus lebenden Systemen oder gar in lebenden Systemen selbst. (Deswegen zieht es Kinder und Erwachsene in den Wald.)

Land- und Forstwirtschaft und deren biologische Produkte sind letztlich die bestmögliche "Bauindustrie", die beste Solar-Industrie für die Stadtwirtschaft, die kostenfrei auch noch Sauerstoff produziert. Land- und Forstwirte - weniger als 10 % der Gesamtbevölkerung - subventionieren die Stadtwirtschaft mit Sauerstoff, Wasser und Nahrung.

Immer mehr zeigt sich, daß landwirtschaftliche Kreislauf-Prinzipien wie Symbiose, Polykultur, Umwertung von Reststoffen zu Rohstoffen auf die Stadt übertragen werden müssen, soll die Stadt nicht zum biologischen Chaos werden.

Im ländlichen Raum sollten in Zukunft nicht mehr die biologischen Sünden der Städter nachgeahmt werden. Die Städter werden bereitwillig horizontale Landwirtschaft (Anbauen von Flächen) lernen, um sie auf die Stadtwirtschaft (Hausbegrünung jeder Art) zu übertragen. Weinberge und Reisfeld-Kaskaden dienen als Vorbild.

Die Funktionsprinzipien von Pflanze, Baum und Wald werden auf Haus, Dorf und Stadt übertragen. Kreisläufe spielen zusammen, so daß das, was der eine abgibt, der andere direkt verwerten kann.

Man wird nicht nur mit Sauerstoff v o n a u ß e n rechnen. Es wird im Zentrum einer Stadt so viele Sauerstoff-Produzenten geben, daß es für die Menschen dort (und die Autos) reicht. Man wird nicht eine Sauerstoff-Pipeline legen müssen, damit noch mehr Autos fahren können. Man wird möglichst vielen Hausfassaden einen grünen Overall wachsen lassen, weil Pflanzen sich aus dem CO_2 der Abgase selbst aufbauen können: Pflanzen sind lebende Luft-Reiniger, lebende Klimageräte, die von der Sonne betrieben werden, also ohne Fremdenergie.

In der biotektonischen Stadt ist nicht mehr der (Auto-) Verkehr das wichtigste Problem, sondern das Kreislaufprinzip des Lebendigen. Für das Pumpen, Speichern und Säubern von Wasser, aus dem zum überwiegenden Teil alle Lebewesen bestehen, gibt es keinen verläßlicheren Partner als die Pflanze.

Dauer-Kulturen aus verschiedenen Bäumen, die Weidetiere behausen und ernähren und auf verschiedenen Sonnenlicht-Pegeln produktiv sind - also Baumlandwirtschaft -, gelten auch als zukunftsträchtige Modelle für eine Stadtwirtschaft. In dieser pumpen, reinigen, kühlen, wärmen Pflanzen nicht nur Wasser, sondern liefern Nahrung sowie Sauerstoff und tragen zur Gesundheit und Lebensfreude bei.

Die Vorstellung von Dorf und Stadt, vom Stadtdorf, vom Dorf in der Stadt, von der Stadt im Dorf, als mehrschichtiger "grüner Berg", in dem Menschen, Weidetiere, Vögel, Bienen leben, erscheint phantasievoll. Aber ist Phantasie nicht eine der schönsten menschlichen Eigenschaften? Brauchen wir nicht diese Fähigkeit, um der parasitären Energieverschwendung und Umweltzerstörung der Städte entgegenzuwirken?

Vitalisierung wird immer dringender. Die im Verkehr erstickenden Städte können, so wie sie sind, nicht mehr erhalten und unterhalten werden. Wenn wir so weiterplanen, schreitet der soziale Verfall, wie er sich z.B. im Suchtproblem und in sozialen Unruhen zeigt, weiter voran.

Wenn eine Majorität von Städtern mit ihren "technoiden" Methoden keine lebensfreundliche, erhaltbare und unterhaltbare Situation schaffen kann, bleibt es die Sache einer kreativen Minorität, das zu versuchen und sich die dafür notwendigen Freiräume zu schaffen.

Dazu muß aber das Selbstbewußtsein des bäuerlichen Berufes, des bäuerlichen Forschers im Umgang mit der Pflanze erst wieder entwickelt werden.

Vielleicht sind es in Zukunft Stadtflüchtlinge, die in einer Lehrzeit wieder Pflanzensprachen und andere Natursprachen lernen und diese Fähigkeiten dann in das Stadtdorf zurückbringen. Es ist nicht der Städter, der die Landwirtschaft subventioniert, sondern umgekehrt.

Bio-Baustoffe wie Stroh werden in neu-alten, dezentralen Verarbeitungsverfahren neuen Wert gewinnen. Flechtbare Werkstoffe aus Haselnuß und Weidenzweigen werden unter anderem im Verbund mit Naturlehm wieder Baustoffe im ländlichen Raum, in der Stadt. Das klingt reaktionär. Wer findet bessere Alternativen? Man wird in den nächsten Jahren ganze Hausfachwerke wachsen lassen und mit "lebenden Bausteinen" ausfachen, was zuerst wohl als Kuriosität mitleidig belächelt wird.

Biotektur wird nicht nur zustande kommen, weil sie lebensgerechter, produktiv und gesünder ist. Sie stellt für die nächsten Generationen eine größere Herausforderung dar als der Umgang mit toten Schuhschachtelbauten. Es bringt ein lebenswerteres, bisweilen auch anstrengenderes Leben, sich in die Kreisläufe des Lebendigen einzuspielen und diese in einem noch lebendigeren Zustand zu hinterlassen. Die Verbesserung dieser Erde, wird das dem Menschen gelingen?

Rundholz mit Durchmesser
6-8-10-12 cm muß ausgeforstet
werden, damit der Wald
sturmsicher und gesund bleibt
- auch damit heutige
Monokultur wieder naturgerechter
Wald werden kann. Also: kein
Kahlschlag!

Der Mähdrescher des Bauern
macht direkt die
Isolierbausteine für das
Biohaus, also Preßballen
- sinnvoller anstatt Stroh
umweltschädlich zu verbrennen

Aus der Biolandwirtschaft kann
bis zu 5 % Stroh entnommen werden

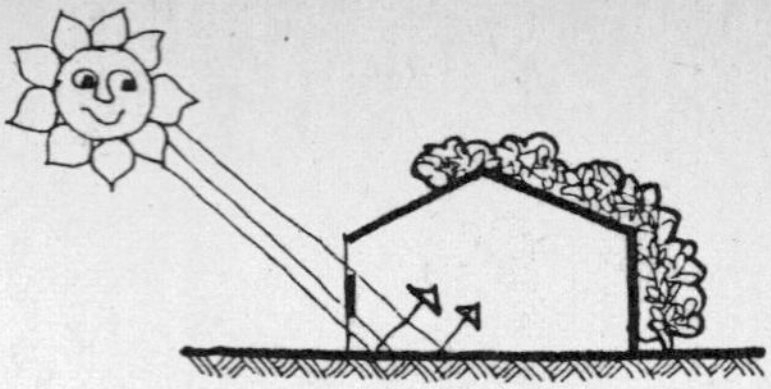

Haus mit Pflanzenpelz und großen Südfenstern

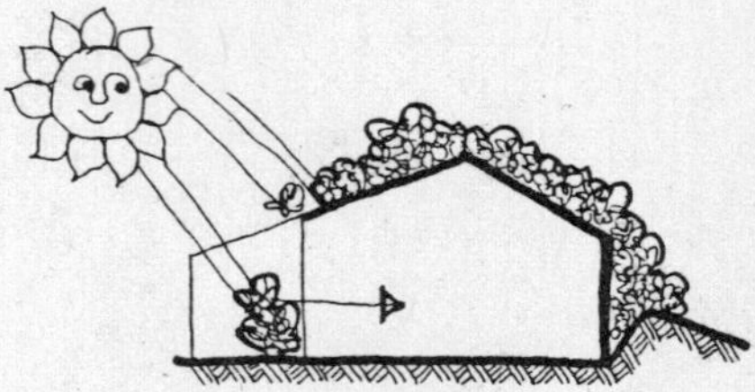

Haus mit Pflanzenpelz und vorgelagertem Gewächshaus

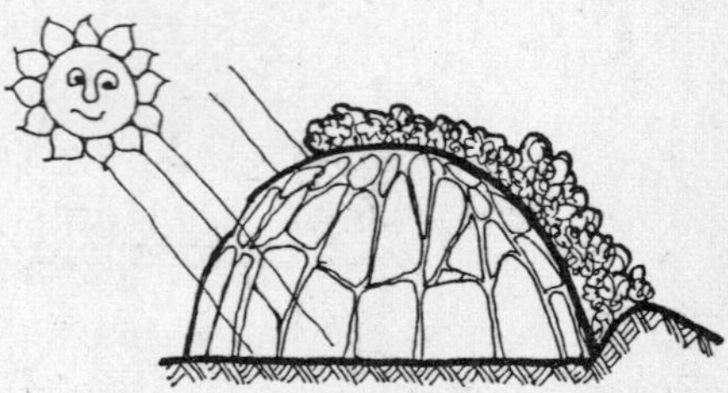

Haus mit Pflanzenpelz und minimierter Oberfläche

Konzept des Biohauses

So wie Mensch, Pflanze und Tier Sinnesorgane zum Überleben haben, hat das Biohaus Organe, um Umwelt-Energien einzufangen. Es nutzt durch seine Form den Außenkreislauf der Sonne und "verinnerlicht" Sonnenenergie in seine Energiespeicher und in seine Pflanzen. Das Biohaus nutzt auch den jahreszeitlich unterschiedlichen Außenkreislauf des Windes, um elektrische Energie zu erzeugen. Solarsystem und Windsystem wirken im Biohaus zusammen und ergänzen sich: Wenn es viel Sonne gibt, weht relativ wenig Wind. Wenn im Herbst und Winter viel Wind weht, gibt es wenig Sonne. Wenn mehr elektrische Energie gebraucht wird - im Winter zur Beleuchtung -, steht auch mehr Windkraft zur Verfügung.

Im bewachsenen Zustand, mit begrünten Außenwänden und übergrüntem Dach, sieht das Biohaus aus wie ein Baum und arbeitet als "Energie-Wandler" auch wie ein Baum. Die bebaute Grundfläche wird fast dreimal als bepflanzbare Fläche wiedergewonnen. Die begrünte Oberfläche produziert den Sauerstoff für mehr als 10 Menschen.

Dieser äußere, früchtetragende Pflanzenpelz bringt noch mehr als Sauerstoff: Er bietet Vögeln, die Insekten vertilgen, Nistplätze, vertilgt durch das grüne Blatt an Luftstaub angelagerte Viren, wird so zum Partner des Lebenden.

Was als vertikales Grünsystem am Biohaus wächst, ist nur eine Weiterentwicklung historischer Grünfassaden, die jeder kennt und liebt. Diese Pflanzenteppiche waren zur Hygiene der alten Städte unentbehrlich. Sie kühlten und wärmten nicht nur, sondern produzierten Früchte, Humus und Sauerstoff. Unsere Vorfahren wußten sehr wohl, warum sie Millionen von kleinen Sonnenkollektoren an ihren Häusern wachsen ließen.

Das nach Südost, Süden und Südwest vorgelagerte zweigeschossige Gewächshaus bringt das meiste an Sonnenwärme in das Haus. Die Sonnenenergie strahlt über eine 60 qm große Gewächshausfassade ins Haus, wird von einem beweglichen schwarzen Solarglasvorhang absorbiert und in Warmluft verwandelt. Diese aufsteigende Warmluft wird unter dem Dach von 40-Watt-Ventilatoren abgenommen und über Holzkanäle in einen Kiesspeicher oder einen Flaschenspeicher geblasen. Später kommen auch noch Energie-Salzspeicher hinzu. Durch Klappen kann die warme Luft entweder wieder vor den Solarvorhang oder in das Haus gelenkt werden.

Solarkollektoren bereiten außerhalb des Hauses warmes Wasser und speichern dieses im Kernhochbehälter. Der offenporig gemauerte Ziegelkern wirkt zum Gewächshaus hin als Solarspeicher. Als Zusatzheizung und Mehrstoffbrenner im Winterbetrieb dient ein leistungsfähiger Speicherofen, der ebenfalls mit dem tragenden Kernspeicher integriert ist und so einen zweigeschossigen Kachelofen ergibt. Als biologischer Energiespeicher dienen außerdem lebende Pflanzen *im* Haus und *am* Haus sowie im Keller der "Biothron", ein belüfteter Fäkalien-Komposter.

Regenwasser wird gefiltert, in Tanks geleitet und von dort durch eine Membranpumpe in den Hochbehälter im Kern des Hauses gepumpt. Einer dieser Behälter dient als Kaltwasserspeicher, der andere wird wahlweise über Sonnenkollektoren und Wärmeaustauscher im Kachelofen beheizt.

Das Abwasser wird als "Grauwasser" gesammelt, gefiltert und läuft dann über eine Schilfkaskade, die das Wasser reinigt. Bei sparsamster Benutzung genügen ca. 2 m² Schilf pro Person. Mit dem so gereinigten Wasser werden die Pflanzen des Gewächshauses gegossen oder das Abwasser durchläuft zusätzlich noch ein Algen- und Fischbecken. Danach dient das "fischreine" Wasser als Gießwasser. Über die Pflanzen ist dann der Verdunstungskreislauf geschlossen, das Haus hat sich selbst entsorgt.

Die Reststoffe des Menschen wurden zu Rohstoffen für Pflanzen und Tiere. Der "Biothron", die Toilette, arbeitet als Komposter ohne Wasser. Diese biologische Entsorgung ist in der Gesamtrechnung vielfach wirtschaftlicher als die öffentliche, leitungsgebundene Entwässerung mit Bau und Unterhaltung von Leitungen, mechanischen, chemischen und biologischen Klärwerken und Verwaltungsaufwand.

Biodorf in B.

Pflanzenhaus im See: Gemeinschaftshaus = Kirche = Ur-Laube

Eine kurze Baubeschreibung

Die Aufgabenstellung lautete: ein autonomes Haus Naturbaustoffen, das unabhängig von Strom-, Wasser- Abwasserleitungsnetzen mit einem Minimum an Energie auskommt, das Bau-Laien selbst errichten und unterhalten können.

Die Erfahrungen früherer Generationen kamen uns beim Wohnen im Schwarzwald und im Tiroler Bauernhaus zugute. Nach den ersten Vorentwürfen bauten wir ein Modell, an dem die Details des Rundholzskeletts, der Räume und der Energiekreisläufe studiert werden konnten.

Wir planten als Stufe 1 ein flexibel einteilbares Einfamilienhaus mit passiver Nutzung von Sonnenenergie.

Im Erdgeschoss ist ein großer Wohnbereich vorgesehen - auch als Seminarraum genutzt - und im Obergeschoss Schlafräume.

Unterhalb des Biohauses entstand ein großflächiger Verkaufskeller als Bioladen für biologisch einwandfreie Gärtnerei-Erzeugnisse.

Die Stufe 2, in der die "aktiven" Energiekreisläufe für Sonnen- und Windenergie und die Wasserkreisläufe eingerichtet werden sollen, ist im Bau.

Am Jahresanfang 1979 wurde bei einem halben Meter

Schnee im Westerwald Rundholz geschlagen und geschält, wie es beim Durchforsten anfällt.

Der zunächst niedrig geplante Keller, nur für Energiespeicherung, wurde auf Wunsch des Bauherrn auf 2,50 m erhöht, um genügend Raum für verschiedene Solarspeicher zu schaffen.

Ungewöhnlich sah die Baustelle aus: der tragende Kern, sternförmig hochgemauert, um ihn herum außen das Rundholzfachwerk im Sechseck angeordnet. Es machte etwas Mühe, die konischen Rundstangen zu fluchten. Die Verbindungen an den Kreuzungspunkten wurden mit Krallendübelschrauben hergestellt.

Massive Bohlen wurden als Geschossdecken verwendet. Für die Dachhaut hatten wir zuerst Schindeln vorgesehen, doch wetterfeste waren nur aus British Columbia zu bekommen. Wir mussten uns zu Preiswerterem entschließen: glasarmierte Bitumenbahnen.

Die 40 cm dicke Strohballenisolierung der Außenwände wurde mit einem besonderen Natrium-Silikat-Wasserglashochdruck gespritzt und dann - der Setzungen wegen - mit Nachstopfraum "vermauert". Alle Ecken wurden mit Stopfwolle gedichtet.

Die Innenwände wurden aus Nut- und Federbrettern hergestellt. Zimmertüren erhielten handgeschnitzte Holzriegel.

Für die Einrichtung fanden die Bauleute originelle Lösungen, Lustiges. Die Realisierung der Selbstbaumöbel steht aber noch aus.

Wir haben also in der Stufe eins erst ein Selbstbauhaus mit passiver Solarnutzung gebaut. Wir hoffen aber, daß es nicht dabei bleibt und die Stufe 2 realisiert werden kann.

Kaum hatten wir das Biohaus halbwegs bewohnbar gemacht, da strömten auch schon von nah und fern die Touristen und Kollegen. Langsam lernten wir das Haus erklären, was wir wollten und was wir vermutlich erreichen würden (nicht viel, aber mehr als nichts).

Ein "Naturhaus", das des"großen Bruders"Stromnetz , Wasser- und Kläranlage entlastet, eines, das man vielleicht liebt, weil man es selbst machen kann, eines mit kleinen Handwerkssünden und eines, das Mut macht und sagt: "Dafür bis du unabhängig und autonom. Es geht auch anders."

Baustoffe

Vor Jahren hatten wir auf einem Hof im Schwarzwald ein Getreidesilo aus einem Rundholz-Fachwerk mit Stangen gebaut, die beim Durchforsten unseres Lärchenwaldes abfielen. Die Außenwände wurden mit Stroh-Preßballen isoliert.

Lange hatten wir das Brandproblem für unlösbar gehalten. Um mit Preßballen und Rundhölzern ein größeres Haus zu bauen, war mindestens die Baubestimmung "normal entflammbar", wie bei Normalholz, zu erfüllen.

In der drängenden Situation, das Problem lösen zu müssen, fiel uns nach Jahren eine Lösung ein: Im Krieg hatten wir Dachstühle gegen Brandbomben mit Wasserglas gespritzt oder gekalkt. Wir machten mit der Hochdruckspritze eines Zimmermannes viele Versuche. Das Ergebnis war besser als erwartet: Die Strohpreßballen brannten nicht mehr, sondern verkohlten nur langsam. Dadurch hatten wir eine preiswerte Isolierung gefunden. Mit etwa DM 6,--/m^2 (1980) bei ca. 40 cm Isolierstärke erreichten wir ein Viertel der üblichen Kosten.

Angeregt durch preiswerte Schweizer Rundholz-Bausysteme in der Landwirtschaft wollten wir geschältes und nur mit Borax geschütztes Rundholz benutzen und nicht, wie bei Kantholz üblich, 50 % vom Rundholz wegsägen, das Profil schwächen und so die Kosten vervielfachen.

Rundholz ist geschältes, sonst aber unbearbeitetes Stangenholz, wie es in seiner naturwüchsigen Form aus dem Wald kommt. Die beim Zusammenbau störenden Toleranzen wurden abgehobelt.

Einzelheiten vom Biohaus

Querschnitt

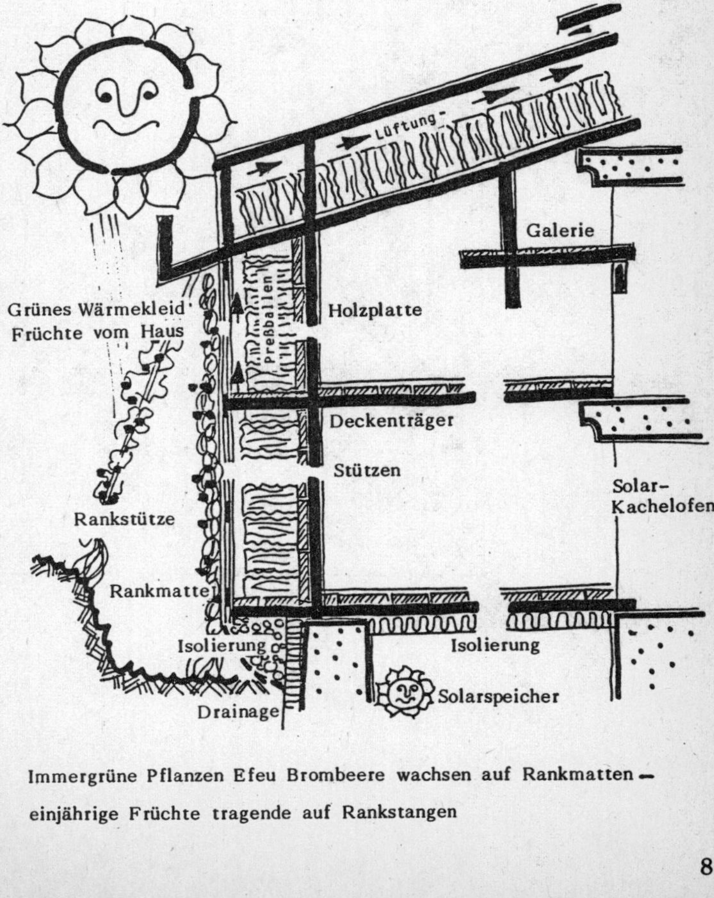

Immergrüne Pflanzen Efeu Brombeere wachsen auf Rankmatten – einjährige Früchte tragende auf Rankstangen

Solarkreislauf

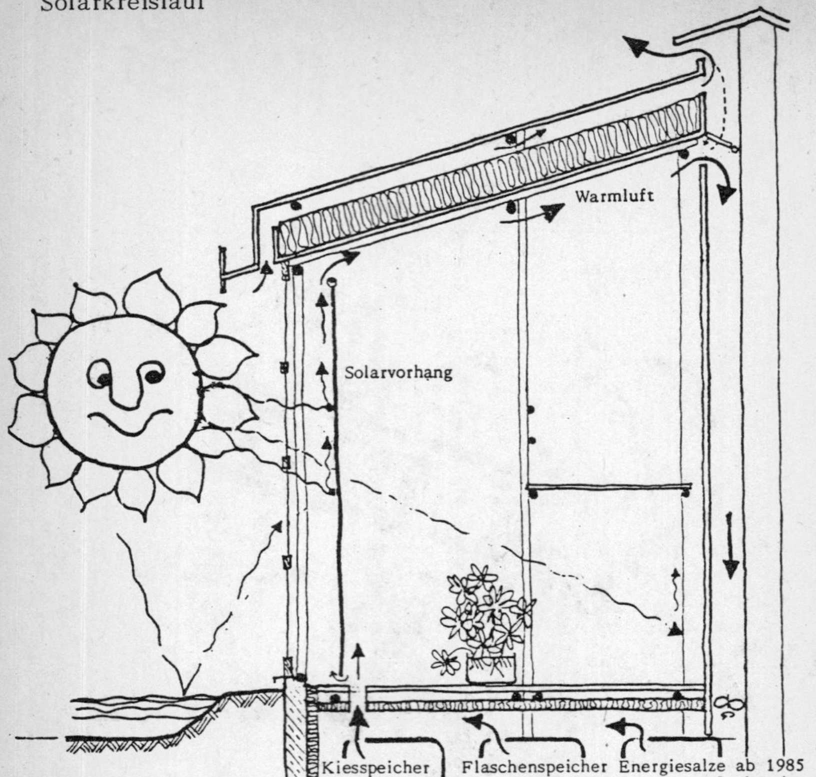

40 W-Ventilatoren drücken Warmluft über Heizkanäle in die Speicher

Wie wir Sonne nutzen können

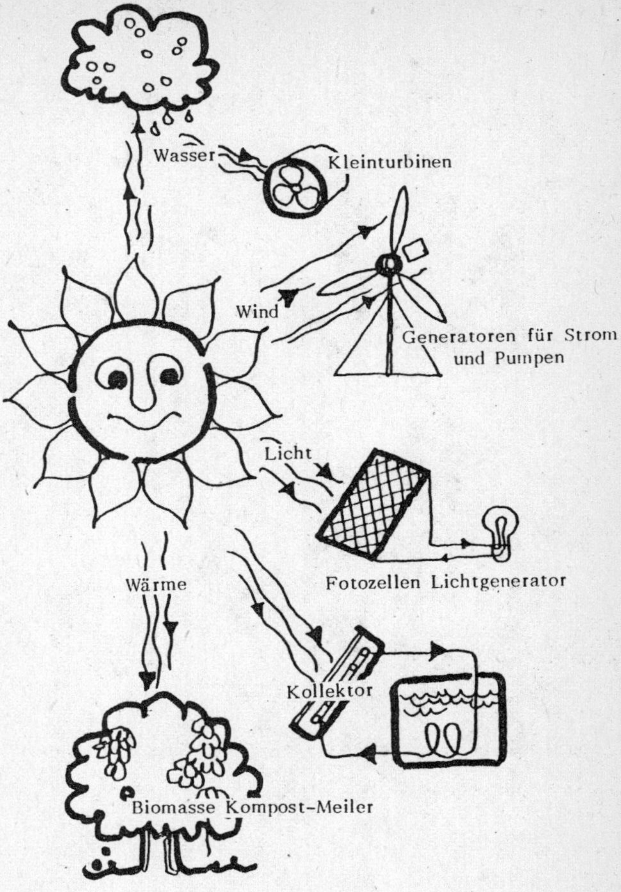

Grundriss Erdgeschoss

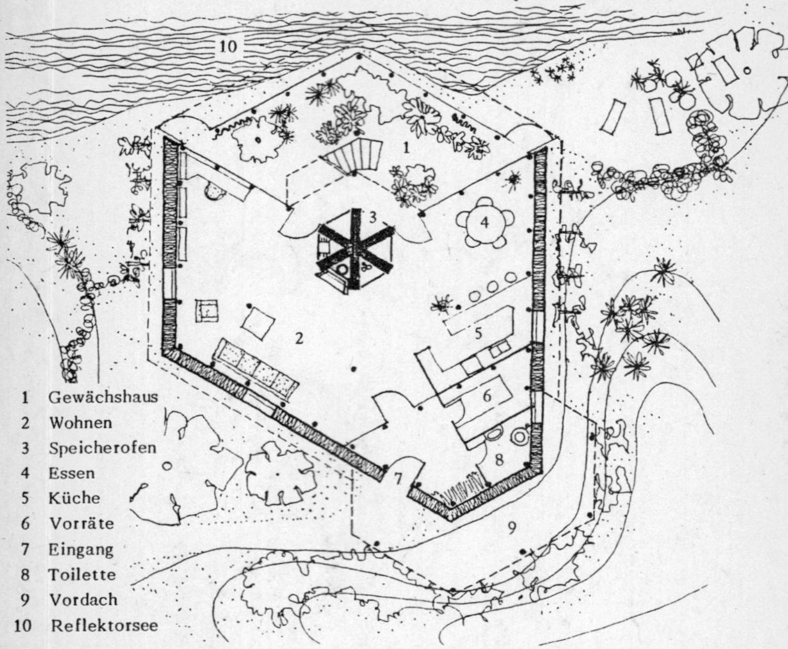

1 Gewächshaus
2 Wohnen
3 Speicherofen
4 Essen
5 Küche
6 Vorräte
7 Eingang
8 Toilette
9 Vordach
10 Reflektorsee

Eingang von Nordosten windgeschützt durch Erdwall.Vordach mit Holzschuppen.

Windfang mit Garderobe.Zugang zum Keller über Falltür auch Vorraum für Toilette und Vorräte.

Wohnbereich mit sichtbarer Konstruktion: den Rundholzstützen, 3 freistehenden Pfosten, den sternförmig gemauerten tragenden Kern.

Deckentraghölzer, die auf den zentralen Kern zulaufen.

Raumteilung im Wohnbereich variierbar.

Blick in das südlich vorgelagerte Gewächshaus.

Sitzplatz im Westen.

Grundriss Obergeschoss

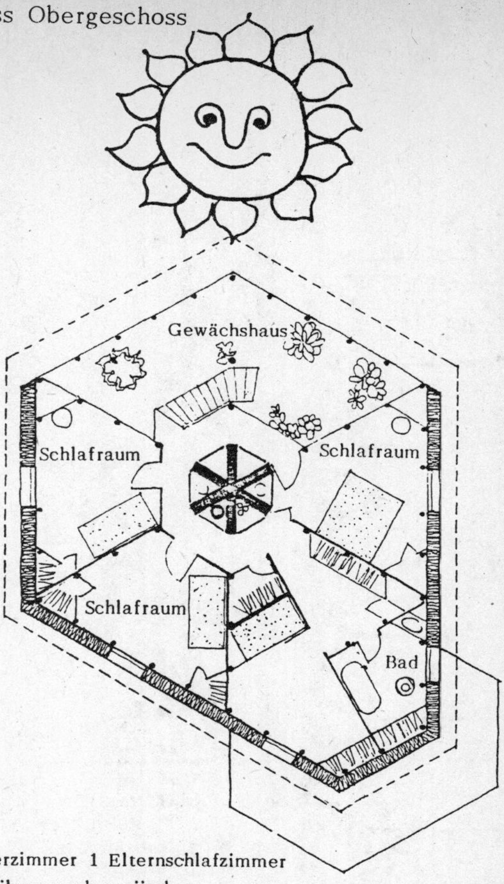

3 Kinderzimmer 1 Elternschlafzimmer
Aufteilung auch variierbar
in den Raumecken Stauraum auch als Wärmepuffer

von 2 Räumen Blick nach außen und in den großen grünen Wintergarten

Wasserkreislauf im Biohaus

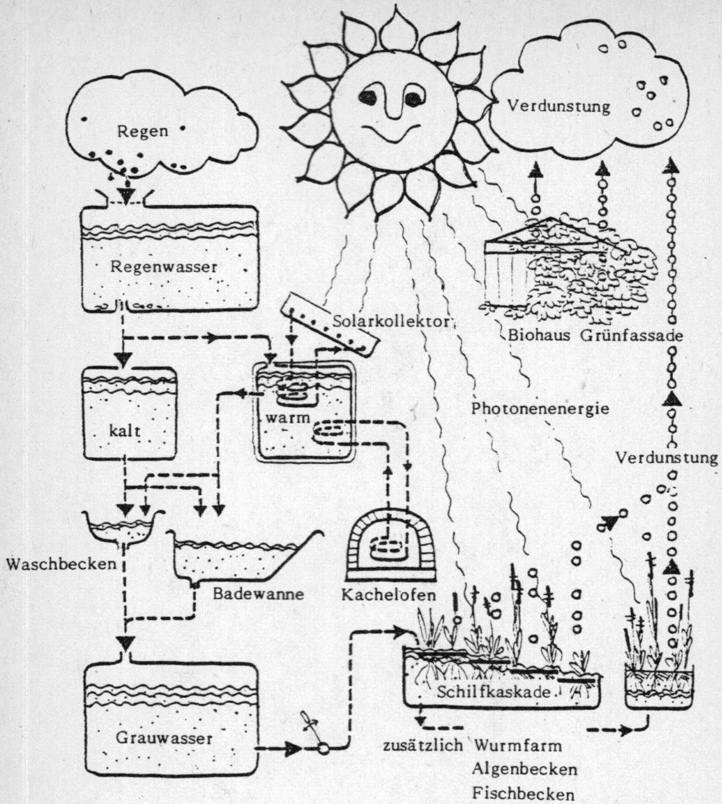

Der Reststoff-Rohstoff-Kreislauf: Das Biohaus entsorgt und versorgt sich selbst zu etwa 1/10 der öffentlichen Kosten ohne Umweltbelastung.

Elektrizität im Biohaus

12-Volt Gleichstromsystem mit preisgünstigen Teilen aus den Großserien des Automobilbaues. 12 Volt Batterie bei Hausgruppen im Verbund gekoppelt mit stromsparendem Schwachstromgeräten, wie sie als Autozubehör im Handel sind Staubsauger, Ventilatoren.

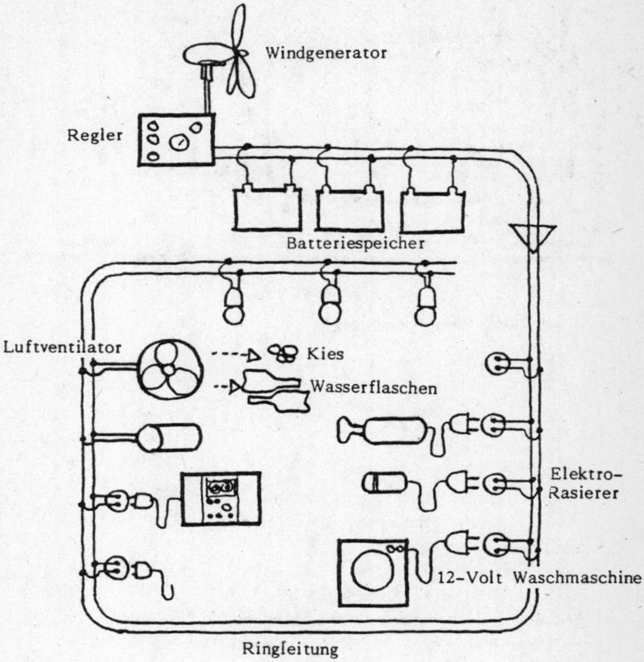

Die Stromerzeugung über Windgenerator, bei Hausgruppen Gemeinschaftsanlage oder in Zukunft mehr über Photozellen - auch über Biogas-Generatoren, die bei Gemeinschaftsanlage wirtschaftlich sind.

Biogas

Bestehend (möglichst) aus zwei Komplementären, um voll-kontinuierliche Gaslieferung zu gewährleisten.

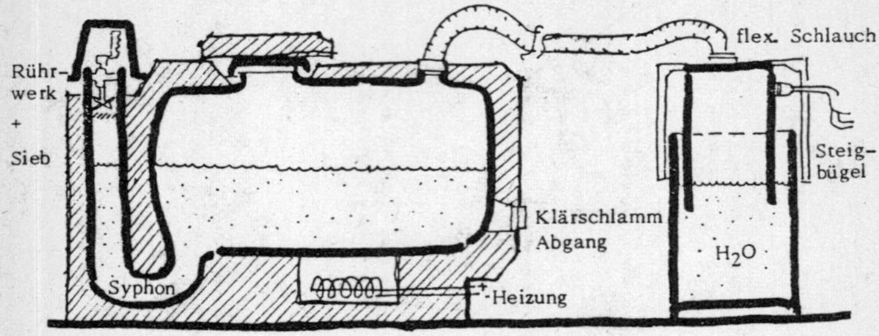

Schaumblock-Lager

Zulieferung der Fäkalien und Abwässer

a) im Eimer (Kontrolle der Sparsamkeit)
b) per Leitung

Abnahme CH_4:
a) per Ringschlauch
b) per Leitung
c) per Kompressor + Flasche (dehydr.)

Gärfass (z.B. Speidel/Ofterdingen) 500 Ltr., mit 10 cm Isol.
Heizung (ca. 35°) per Wind oder solar (?)
Gasdichter Zugang oben
Gasdichter Abgang für Klärschlamm
Betrieb mit Methan-Hochleistungsbakterien.
Problem: Falls je nach Füllgut - eine Schwimmdecke entsteht: Schwimmkörper-Fräse, die über flexible Syphonwelle (korr.sicher) angetrieben wird. Deshalb: Trockenes Grobgut besser in den Biomeiler.
Wichtig: Falls Biogas-Anlage nicht im Freien, Rauchverbot wegen Explosionsgefahr beachten und leichte Raumabschlüsse vorsehen.

Biokomposter

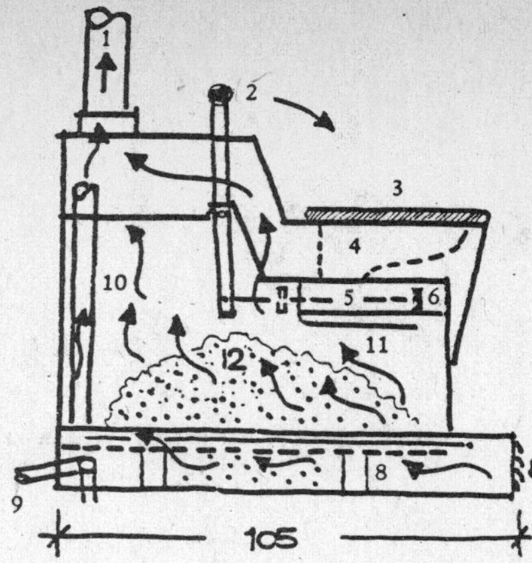

Biosystem Sedesa

1 Lüftungsrohr
2 Schieberhebel
3 Sitz
4 Schüssel
5 Fangboden
6 Fäkalienschieber
7 Rost
8 Zuluft
9 Überlauf
10 Abluft
11 Verteiler
12 Kompostraum

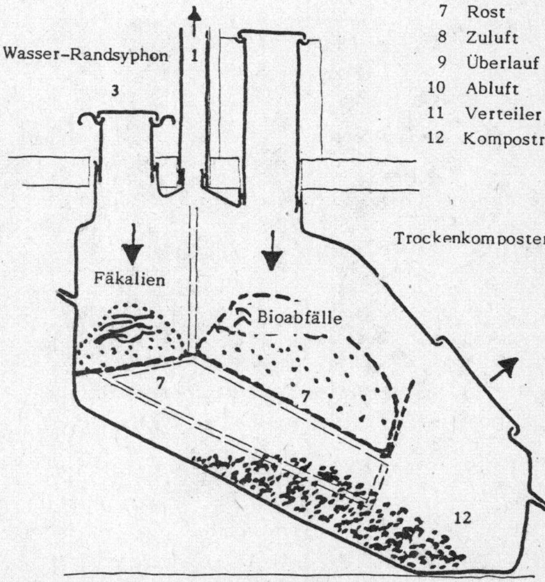

Trockenkomposter Clivius

Kompost ca. 0,5 m³ pro Jahr bei 4 Personen

Hochmauern des tragenden Kernes mit Aussenwandstützen

Beim Fluchten der Aussenwandstützen

Deckentraghölzer über dem Keller, mit dem sich verjüngenden Teil zum Kern orientiert

Erste Strohpressballen werden als Isolierung vorgelegt

Ein großes Südfenster des 2-geschossigen Gewächshauses

Blick durch das Galeriegeländer zur inneren Verglasung

Treppenkonstruktion aus Rund-Hölzern

Treppenlauf vor der Galerie nach unten ins Gewächshaus

Verschalte Aussenwand noch ohne Pflanzenpelz

Rankstangen mit dem Beginn der Bepflanzung

Die Anfänge des grünen Overall: Efeu und Geissblatt

Schwartenverschalung über Bitumenpapier

Südweststrecke mit verschalter Wand

Nordseite vor der Verschalung

Galerie und Dachkonstruktion im Bau

Südseite vor der Verglasung

Blick vom Gewächshaus zum tragenden gemauerten Kern mit aufliegender Dachkonstruktion

Kreuzungspunkt von Innenstütze, 2 Balken und Sparren, Befestigung mit Krallendübelschrauben

Dachfläche des nördlichen Anbaues, Unterkonstruktion der Schwartenverschalung

Dachkonstruktion über dem Gewächshaus, Stützen der südlichen Glaswand

Blick vom Essplatz im Erdgeschoss
ins Gewächshaus und nach draussen

Essplatz Erdgeschoss, Blick in das
Gewächshaus

Erdgeschoss mit freistehenden Stützen, sichtbaren Außenwandstützen und Diagonalaussteifung

Erdgeschoss Wohnbereich, als großer Seminarraum genutzt

Kleiner Seminarraum im Obergegeschoss, Allesbrenner am tragenden Kern

Wohnbereich Erdgeschoss als großer Seminarraum genutzt. Ummauerter Allesbrenner. Paarweise und sternförmig auf den Kern zulaufende Deckentraghölzer

Blick zur Galerie und in die Dachkonstruktion

Allesbrenner-Mehrzweckofen im Obergeschoss

Nordwestansicht noch ohne Begrünung

Biohaus vom Zuweg von Norden gesehen

Biohaus Südwestansicht, rechts
Warmwasserkollektor

Blick von Nordwest

Selbstbaumöbel
- Entwürfe -

Großer Eßtisch

Türe mit
Schöpfungsgeschichte

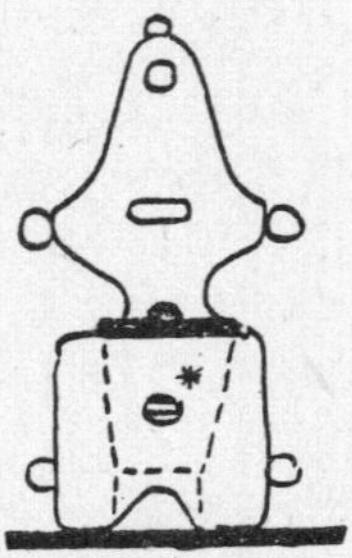

"Biothron"-Sitz
über Biokomposter

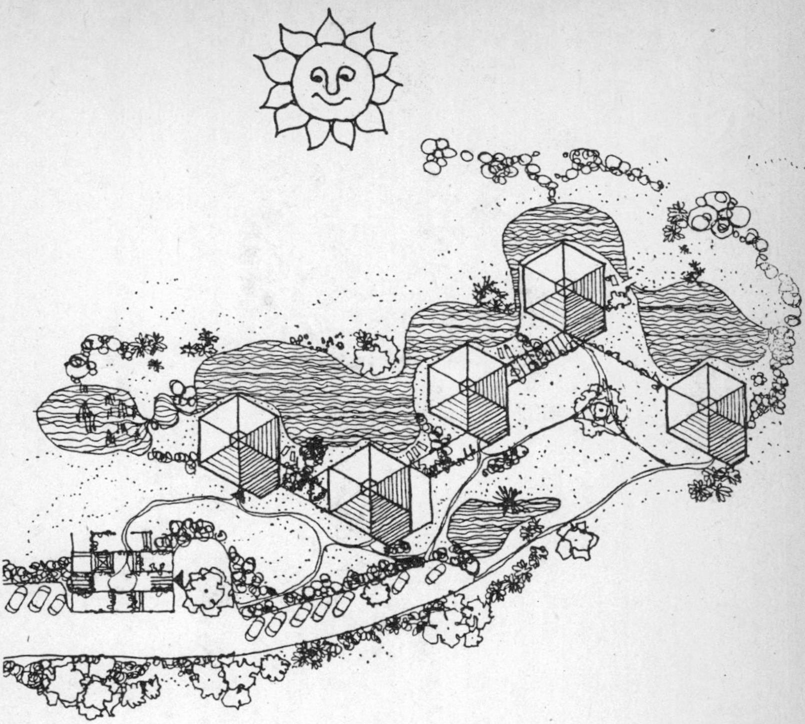

Bio-Hausgruppe an einem See

Verbindung der Häuser untereinander mit Pergolen
übergrünter fließender Übergang von Gartenzaun-Erdwall-Dach
gemeinsame Entsorgung mit Schilf-Klärbecken.

Verstehen kann man nur, was man gefühlt, gesehen, gehört, geschmeckt und gerochen hat.

Einverstanden ist man nur mit dem, was man versteht.

Anwenden kann man nur, womit man einverstanden ist.

Bewahren kann man nur, was man angewandt hat.

Laienforschung

Die heute etablierte Bauwissenschaft hat uns Energieruinen beschert, die für ein Zeitalter mit knappen Rohstoffen nicht taugen.

Die Bauwirtschaft hat uns menschenunwürdige, naturfeindliche Wohnbereiche beschert, in denen sich Krankheiten jeglicher Art verbreiten.

Die heutige Verkehrswirtschaft ist nicht in der Lage, menschenfreundliche Fahrzeuge zu entwickeln.

Was bleibt denen, die nicht resignieren, anderes übrig als: selbst als Bewohner Bauforschung zu treiben?

Selbst als Nutzer biologisch orientierte Bausysteme zu entwickeln?

Selbst dafür zu sorgen, daß Pflanzen, Tiere und Menschen nicht gegeneinander, sondern miteinander leben?

Einige Prinzipien für das Biodorf und die Biostadt

1. Arbeiten, Wohnen und Freizeit sind räumlich vereint
2. Nahrung wird mindestens teilweise selbst hergestellt und konserviert
3. Eigene Energie-Erzeugung mit Sonne, Wind, Biomeiler Energie von innen: Kalt ist schön! Regen ist schön!
4. Eigene Wasserversorgung. Trennung von Fäkalien und Grauwasser (Badewasser, Waschwasser)
5. Reststoffe (Abfälle) sind Rohstoffe für Lebenspartner. Lokale Reststoff-Rohstoff-Kreisläufe
6. Verschiedene nutzungsbezogene Temperaturbereiche innerhalb des Hauses. Wärme-Kaskaden: Kreisläufe
7. Autonomie: Selbstbau, Selbstlernen, Selbstbestimmen
8. Erneuerung, Wachstum, Änderung: Nicht von Menschen autokratisch bestimmt, sondern von der Bio-Partnerschaft des Lebenden (Biosophie)
9. Gleichörtlichkeit, Gleichzeitigkeit im alles umschließenden Bereich Dorf - Wald - Fluß
10. Wirtschaftlichkeit: Was öko-energetisch richtig, ist auch ökonomisch

3. Teil

Unterwegs nach Biopolis

Leben in der Pflanzenwelt

Die Gesellschaftsform bestimmt die Umwelt und damit auch das Wohnen. Die industrielle Gesellschaft hat die Bauten der Gründerzeit bis heute bestimmt. Es wird deutlich: Diese Gesellschaftsform wird von jungen Leuten bestenfalls widerwillig angenommen. Extreme Spezialisierung, totale Abhängigkeit, Wegwerfverhalten und Verfremdung haben sich als lebensfeindlich erwiesen.

Aufgabe der industriellen Gesellschaft ist heute nicht nur die Humanisierung und Ökologisierung von Ghettos jeglicher Art, sondern mehr: Die akademische Überbewertung von Kopfwerk sollte zugunsten sich ergänzender Tätigkeit geändert werden, die das g a n z e biologische Vermögen des Menschen in Anspruch nehmen.

Kern einer gesellschaftlichen Erneuerung können wahrscheinlich nur Kooperative von Hand- und Kopfwerkern sein, die zusammen mit Arbeitslosen das "Stadtdorf" bauen und wachsen lassen.

In einem solchen überschaubaren Stadtdorf frisst nicht ein ungeliebter Beamten-Parteien-Staat seine Bürger, sondern er lässt als Vater seinen "Kindern" freie Entwicklung für eigene Strukturen und neue Werte: Pflanze und Tier stehen nicht mehr unter der Herrschaft des Menschen, sondern sind seine Lebenspartner.

Biopolis: Die ökologische Stadt
Die grüne Pflanzenstadt
Die humane Stadt
Die selbstversorgende Stadt
Die solidarische Stadt
entsteht nicht durch fremdbestimmte, computerisierte Planung oder durch Gesetze und Fördermittel des Industrialismus.

Biopolis entsteht aus den Händen und Köpfen der Piuniergeneration, die heute nach einer alternativen, sanften Gesellschaft sucht. Eine neue Denk- und Werkschule entsteht: Heute wird die Suche nach ganzheitlichen Arbeits-, Wohn- und Lebensgemeinschaften zwischen Pflanzen, Tieren und Menschen - auch in der Stadt - begonnen. Der Dualismus zwischen Stadt und Land, Wohnen und Arbeiten, Handwerk und Kopfwerk hebt sich auf. Es entstehen überschaubare sparsame naturnahe Kleinsysteme - das "Dorf in der Stadt". Stadt-Erneuerung wird ohne die Vision und Tatkraft dieser Piuniergeneration zur kostspieligen und nutzlosen Kur an den Symptomen des Industrialismus.

Biohaus	statt "totes" Bauhaus
Ganzheitliches Leben	statt Arbeitsteilung
Polykultur	statt Monokultur
Basis von unten nach oben	statt Hierarchie
Bioversität - "lernen im Kreislauf der Natur"	statt Universität - "abstraktes Wissen"

Der Mensch: ein anpassungsmüdes Wesen?

Arten, deren eigene Thermohülle (z.B. Pelz) nicht genügend anpassungsfähig ist, müssen technische Thermohüllen bauen, um zu überleben (Kleider, Haus, Stadt).

Der Mensch, Spätling in der Entwicklung, biologisch schlechtest angepasst, aber auch von den Zwängen der Natur (bislang?) der freieste, begann zu erkennen, daß eben die "Befreiung" vom Diktat der Natur ihn sich so sehr vermehren und ausbreiten ließ, daß Tier und Pflanze ihn nur noch mit gewaltsamen Zugriffen durch Züchtung, Biozide und Insektizide tragen: Die Grenzen des Wachstums sind erreicht.

Der Mensch, der nackte Affe aus wärmeren Klimaphasen dieses Planeten, ist auch an die Grenzen der Vorräte dieses Planeten gestoßen und verwendet beispielsweise Fossil-Energie so, daß sich die Klimahülle seines Planeten zu seinen Ungunsten verändert. Begrenzt er so sein eigenes Überwachstum? Sind Technik und Architektur, Automobilismus und Industrialismus also ein evolutionärer Irrtum?

Genügt es, daß wir sagen: w e i l es den Menschen gibt, brauchen wir Häuser, Dörfer, Städte?

Sollten wir nicht ergründen, w a r u m es den Menschen gibt, s o wie er ist?

Der Mensch lebt z.B., weil es auch Pflanzen gibt, mit denen er jede Sekunde CO_2-O_2 tauscht. Ohne Tierhaltung könnte der Mensch im Prinzip leben, nicht aber ohne Pflanzen.

Genügt dies als Antwort? Braucht ein Gleichgewichts-System von tausend Pflanzen und Tieren einen Störenfried? Sind Störungen das wichtigste? (Hugo Kückelhaus)

Warum hat der Mensch, der sich in der Klimahülle des Waldes über lange Zeiträume entwickelt hat, diese lebende, selbstbauende früchtetragende Behausung verlassen, warum ist er heute "freier" Gefangener im Industrialismus, Gefangener der "Charta von Athen" (Le Corbusier und andere)?

Sind diese Entwicklungen unbeabsichtigte Ergebnisse menschlicher Sprache? Warum ist jemand unwissenschaftlich, der in dieser Gesellschaftskrise Seh-, Hör-, Riech- und Fühl-Energien wieder entwickeln will und warum sind diejenigen wissenschaftlich, die nur nach Fremdenergie-Zivilisation suchen?

Warum gibt es an den Universitäten keinen Lehrstuhl für Glück? Wollen wir Glück schon gar nicht mehr? Wollen wir keine Lehrgemeinschaft zwischen Pflanzen, Tieren und Menschen (Bioversität), die die Problematik der Trennung von Wohnen, Arbeit, Freizeit überwindet?

Wenn wir - mit Sprache - möglicherweise nicht ergründen können, warum es Menschen gibt, so können wir doch vielleicht aus Erfahrung ableiten, was der Mensch sein und tun sollte, um zu überleben - vielleicht auch zu leben ...

Die Pflanze ist der wesentliche und wirkungsvollste Versorger des Menschen mit bis zu zehnmal höherem Wirkungsgrad im Vergleich zu tierischen Versorgern. Wer einem soviel bietet, hat verdient, daß man ihn liebt, daß man partnerschaftlich mit ihm zusammenlebt.

Der Mensch kann sein: Partner-Helfer-Freund der Pflanze, kann seine Nacktheit durch lebende Thermohüllen der Pflanze ergänzen, er kann seine Versorgungs- und Entsorgungskreisläufe in die pflanzlichen Kreisläufe einschalten.

Das "Biohaus" des Waldes, der Pflanzen, die Pflanzenwaldstadt als Haus, ist evolutionär gespeicherte Erfahrung des Menschen. Wenn Kinder Baumhäuser bauen, wird das heute noch Wirklichkeit: Pflanzen a m Haus, i m Haus, a l s Haus. Baumlandwirtschaft, Permakultur, war lange das Trägersystem des Menschen, das Paradies, von dem er als nächster Wirklichkeit träumt.

Den frühen Menschen fielen die Früchte leichter in den Schoß. Alle seine Sinne - hören, sehen, tasten, riechen, schmecken, wärmten ihn. Er verstand es, von innen heraus für sich selbst zu sorgen. Er braucht keinen "Thermo-Staat", sondern verstand es mit einer inneren Vielfalt sich selber zu bestimmen.

Nur Mischkulturen sind nicht selbstzerstörend, bleiben gesund. Eine Art davon sind Pflanzenhäuser. Sie bauen sich auf dem uralten Prinzip der Mischung auf. Hochentwickelte Nachfolger dieser Pflanzenhäuser treffen wir heute nur noch in energiearmen Regionen, wie auf Island, im Schwarzwald, in Norwegen, in den windigen Prärien des amerikanischen Nordens.

Arbeitsteilige Wissenschaft hat den Menschen heute beinahe weltweit die evolutionären Partnerschaften mit Pflanzen wie Tieren und damit die Solidarität des Menschen untereinander gestört, wenn nicht gar zerstört. Zwischen g a n z h e i t l i c h e, selbsterneuernde Naturpartnerschaften hat sich mit sehr fragwürdigen Wirkungsgraden Großtechnik geschoben, die biologisch sinnvolle Arbeit zwischen Sinnen, Gefühlen, Muskeln und Gehirnen verhindert. "Wertfreie" Wissenschaft produziert solche Störungen, Unfreiheiten besonderer Prägung: Dominanz der Großtechnik, organisiert von einer Expertokratie.

Die Zauberlehrlinge, die man gerufen hat, bringen heute mit ihren technokratischen Spielzeugen (Computer etc.) oft negative Folgen. Millionen Arbeitsloser und biologisch Gefährdeter zeigen dies an. Das Industriesystem hat zugunsten arbeitsteiliger Wissenschaft die Bereitschaft verloren, in gegenseitiger Hilfe mit Veränderungen fertig zu werden.

Man kann die "Elemente des Lebens" und die "Todsünden des Industrialismus" gegenüberstellen und so auflisten. Dabei zeigt sich aber, wie schwierig es ist, die "Arche Titanic" auf Kurs der "Arche Bio" zu bringen, im Hausbau, im Städtebau, in der Landwirtschaft, im Verkehr.

Doch wie schwierig ist es, auch nur eine wichtige Priorität durchzusetzen, z.B. Grünfassaden! Dies wäre ohne Großforschung wohl machbar, fordert aber von Laien Mut und Selbstvertrauen an eigenes Handeln.

Vielfalt ist schön. Wenn ein System sehr vielfältig wird, zeigt es scheinbare Unordnungen, wird für die Technokraten weniger berechenbar, weniger steuerbar, weniger besteuerbar.

Doch gerade die Vielfalt, viele "kleine Könige" bringen ein lebensfähiges "Mit- und Gegeneinander", das viele in

Anspruch nimmt und selbständig macht. Die Regeln sind wechselnd, Veränderung und Stabilität halten sich die Waage, ohne Entwicklung auszuschließen. Anstelle von Dominanz der Menschen tritt Kooperation zwischen allen Lebenden. Das lehren die Pflanzen. Was gut ist für diese, ist auch gut für die Menschen.

Alter-native

Kausal-/analytische Wissenschaft

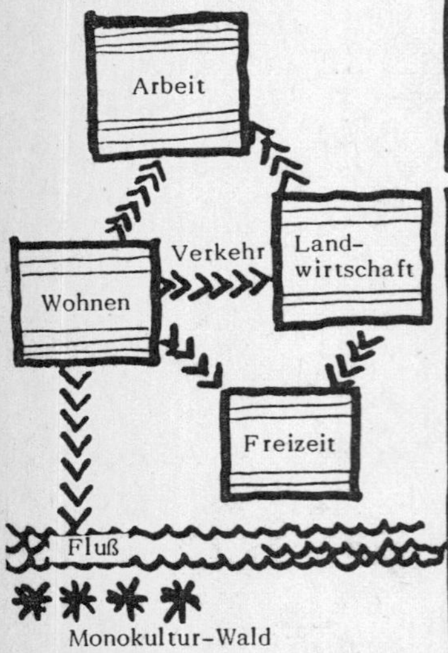

Bilanz: In 100 Jahren
200 % mehr Wüste -
Jeder braucht = 100 to
Technik

"Arche Bio"

induktiv/ganzheitliche Willenschaft

Wald = Dorf = Stadt =
Alles in allem -
Überall alles:
Dauerkultur: "Biopolis"
"Dorf in der Stadt"
Selbstversorgung
Selbstverwaltung
"Variety is beautiful"

Leben in Biopolis

Tomaten frisch vom Balkon im 3. Stock. Sie wachsen, blühen und reifen sehen, sie beobachten, sie pflegen, sich an der Farbe freuen ...

Anstelle eines muffigen Dachbodens ein luftiges Gewächshaus mit üppigen Pflanzen, die aus Behältern wachsen.

Regenwasser, das nicht ungenutzt in den Kanal fließt, sondern die Pflanzen versorgt.

Ein windgeschützter Garten auf dem Dach, mit Terrassen zum Ausruhen, mit Blick über die Naturstadt.

Ein Fischteich im Hinterhof mit ein paar Karpfen, Pflanzen für die Kinder, kurz: kleine erfahrbare Lebenskreisläufe.

Rankgewächse an den Fassaden mit Nistplätzen für Vögel, Wetterschutz an der Nordfassade und Sonnenschutz an der Südfassade.

Blick von Haus zu Haus, von Fassadengarten zu Fassadengarten, durch die Jahreszeiten wechselnd: im Herbst rotes Weinlaub, das im Frühjahr hellgrün wie ein Schleier über die graue Wand sich ausbreitet. Augenweiden statt schmutziger Fassaden.

Warum nicht diese Alternative, die nicht viel kostet und so viel Freude macht? Dies kann ein Stück Umwelt von morgen dort sein, wo heute Althausquartiere grau und lieblos die Bewohner belasten:

1. Lebende Umwelt aktiviert die Bewohner und bringt Lebensfreude.
2. Die Einsicht in wechselseitige Abhängigkeiten natürlicher Systeme wächst.
3. Kinder lernen durch direkte Erfahrung mit Pflanzen und Tieren.
4. Die Möglichkeit zu einer Teilautonomie von Menschen durch Natursysteme in der Stadt nimmt zu.

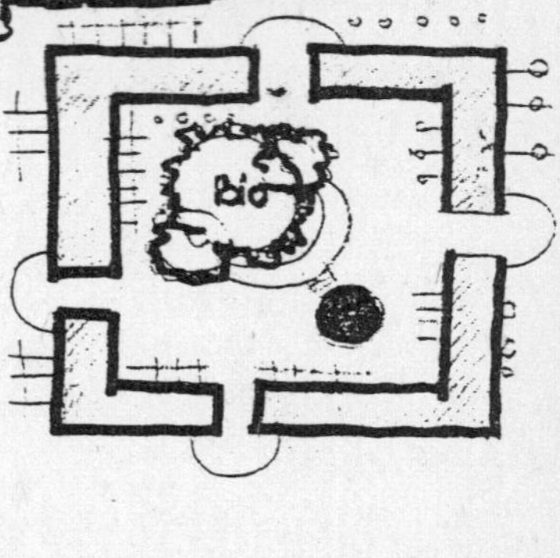

Biohof statt Hinterhof

Grünfassaden als Pflanzenpelze: lebende Sonnenkollektoren

Man kann t e c h n i s c h Energie sparen: durch bessere Isolierung. Man klann aber auch b i o l o - g i s c h Energie sparen, indem man an seinem Haus einen dicken Pflanzenpelz wachsen läßt. Eines schließt das andere nicht aus, man kann ein Haus also beispielsweise isolieren und außen begrünen.

Erstaunlicherweise ist das biologische Energiesparen mit Pflanzen recht preiswert, bis zu 10mal preiswerter als technische Maßnahmen. Wen wundert's? Pflanzen wachsen von alleine bei Tag und Nacht, das zeigt sich an der Leistung von Pflanzen:

Pflanzen wärmen im Winter und kühlen im Sommer durch Windschutz und Verdunstung

Pflanzen - die richtige Art - schützen ein Haus gegen Witterung

Pflanzen produzieren Sauerstoff

Pflanzen verwerten Kohlendioxyd

Pflanzen produzieren Früchte und Humus

Pflanzen dämpfen Lärm und Luftschall

Pflanzen wirken als Staubfänger

Pflanzen wirken als Viren-Vernichter

Pflanzen ermöglichen Vogelnistplätze (Vögel regulieren Überwachstum von Insekten)

Pflanzen wirken psychogen, entspannen, wecken Lebensfreude

Die positive Wirkung von Pflanzenteppichen erklärt sich überzeugend dadurch, daß überschuppende Blätter Regen vom Haus abhalten, das Haus also weniger feucht wird und damit weniger Wärme ableitet. Ein trockenes Haus, eine trockene Wand, sind immer auch das gesündere. Eine andere Wirkung des lebenden Blatteppichs ergibt sich durch die Abwehr der Auskühlung. Hinter dem Schuppenlaub der Blätter entsteht ein mehr oder weniger ruhendes Luftpolster und verhindert so die Abkühlung.

Außerdem hat jede lebende Pflanzenzelle im Blatt die Fähigkeit, Licht in Energie umzuwandeln, um den eigenen Nährstoff-Kreislauf zu betreiben. Ein lebender Pflanzenteppich ergibt eine geringe Abwärme, legt also einen Wärmemantel um das Haus herum.

Die Summe dieser Leistungen bewirkt, daß die Auskühlung bei Tag und Nacht sehr beträchtlich verringert wird. Bei einer Messung wurde im Vergleich zu einem nicht bepflanzten gleichen Gebäude bis zu 30 % weniger Energiebedarf gemessen (Lesiuk, University of Sydney).

Dieser extreme Wert ist sicherlich nicht überall erreichbar. Sicher gilt jedoch, daß ein schöner, dichter Immergrüner 10 - 20 % Energie sparen kann.

Als sicher gilt auch, daß durch gepflegte Pflanzenteppiche beträchtliche Unterhaltungskosten gespart werden können.

Putzschäden sind bei richtig bepflanzten Bauten in der Regel geringer als bei anderen.

Insekten und Spinnen

Wir dürfen bei der Diskussion dieses Thema nie vergessen, daß sog. Schädlinge auch immer "Nützlinge" sind, nützlich beispielsweise als Futter für die unentbehrlichen Vögel, ohne die wir unsere Gärten nur gespritzt produktiv halten können.

Pflanzenteppiche am Haus sollten deswegen viele Vogelnistplätze haben. Dann ist - vielleicht mit Ausnahme von Ameisen - für Regulierung gesorgt. Ameisenstraßen kann man durch eine "Zuckerstraße" leicht umlenken, niemals sollte man sie jedoch "abspritzen". Ameisen sind unentbehrliche Partner der Honigbiene, Heger und Pfleger der Honigtau-Erzeuger. Und ohne Bienen gibt es kein Obst.

Und noch eins: Vergessen wir nicht, daß in jedem von uns naturgegebene Triebe wirken: Wer sein tägliches Soll an e c h t e n, biologischen Erlebnissen, Freuden und auch Ängsten nicht mehr erlebt, muß das durch Fernsehkrimis ersetzen und degeneriert dabei von Ersatz zu Ersatz.

Was uns krank macht

Photonen sind Lichtpartikel, die in lebendem Zellgewebe "nisten", dieses vitalisieren und für "richtiges" Zellwachstum sorgen.

Lebende Pflanzen und Früchte haben ein größeres Potential der Photonenaufnahme als nicht-lebende Baustoffe. Wer gesund und vital bleiben will, braucht das "Ur-laub" der Pflanze, diesen Millionen Jahre alten Photonen-Kollektor.

Daher sind Millionen von "grünen Sonnenkollektoren" am Haus als lebendes Blatt viel produktiver und biologisch wichtiger als ein technischer Sonnenkollektor, der im Sommer Warmwasser liefert.

Vorschläge für Rankgerüste

Nur wenige Pflanzenarten brauchen keine Rankgerüste, weil sie Haftwurzeln haben, mit denen sie sich bei genügender Luftfeuchtigkeit an einer Mauer festklammern. Dazu gehören die über 300 verschiedenen Efeu- und Weinpflanzen, deren Auswahl für einen bestimmten Standort schon eine Kunst für sich ist. Man ist gut beraten, wenn man sich lokal angepasste Sorten wählt und mit mehreren Sorten eine Mischkultur anpflanzt.

Die Dicke und die Dichte eines Efeupelzes bestimmt seine Wärmespar-Leistung. Jahrzehntealte Pelze erreichen eine Dicke von über 50 cm und werden deswegen an den Fensteröffnungen zurückgeschnitten. Efeu als "Schattenhäusler" ist vorzüglich für Nordlagen geeignet, aber auch für Ost und West. Beinahe jeder Boden ist geeignet. Stränge von 20 m Länge sind keine Seltenheit.

In Wäldern trifft man häufig Efeu, der sich an den Stämmen in die Höhe windet. Wer mit dem Förster redet, kann unter Umständen kostenlose Stränge sorgfältig aufgerollt selbst besorgen. Beim Umpflanzen von älterem Efeu muß man mit viel Ausfall rechnen.

Wer gar kein Risiko eingehen möchte, setzt auf den Außenwänden seines Hauses in Abständen von ca. 30 x 30 oder 30 x 50 oder 50 x 50 cm Dübel. Darauf wird mit Abstandhaltern ein leichtes Lattengerüst befestigt, auf das wiederum Abstandhalter zwischen den Latten in einer anderen Richtung angebracht werden. Holz fault nur dort, wo es nicht austrocknen kann, deswegen braucht es Abstandhalter.

Ein großer Pflanzenteppich ist auch Windsog ausgesetzt, so daß das Gerüst nicht nur vertikal, sondern auch horizontal auf Zug und Druck belastet wird. Im allgemeinen sind eher engmaschige Rankgerüste zu empfehlen. Dadurch gibt es auch weniger Windgeräusche. Die Pflanzen müssen dann weniger häufig befestigt werden und klettern von selbst.

Diagonale Gerüste beranken sich mit den meisten Pflanzen besser als orthogonale (rechteckige) und wurden deshalb im letzten Jahrhundert häufiger benutzt. Mit Rankträgern aus Draht ist in kalten und windigen Lagen Vorsicht geboten (Windgeräusche, Wärmeableitung).

Die Pflanzung ist im Frühjahr optimal, im Herbst aber auch möglich. Bei genügender Bewässerung können Behälterpflanzen vom Frühjahr bis Herbst an neue Standorte gebracht werden.

Der Fachmann in der nächsten Umgebung weiß Rat. Mit seiner Hilfe kann man sich diesen Sauerstoffgenerator an seinem Haus wachsen lassen und erhält einen fast über das ganze Jahr hin duftenden, blühenden, schützenden Pflanzenteppich, vielleicht sogar mit früchtetragendem Spalier an der Südfassade und dazu eine Biohaus-Sitzlaube (Hainbuche, Eibe, Knöterich).

Pflanzendorf in der Stadt: Ur-Laube

Lebendbau und Bio-Kreisläufe

Strategien für den Großbereich

1. Die Kreisläufe des Lebendigen – Wald und Flüsse – sind Vorbild für Haus – Dorf – Stadt.

2. Haus – Dorf – Stadt werden selbst Lebenskreisläufe (Transformatoren für Sonnenenergie) und produzieren Biostoffe.

3. Was für den einen Lebenspartner Reststoff, ist für den anderen Rohstoff

   - Materie und Energie-Kreisläufe/Kaskaden
   - selbstregenerierende Dauerkultur

4. Pflanzen und Tier als Lebenspartner; Pflanzen im Haus, am Haus und auf dem Haus und als Haus

   - Pflanzen als Energieträger, Heizung, Arbeitgeber, Ernährer
   - Pflanzen als Entsorger und Versorger

5. Landwirtschaftliche und stadtwirtschaftliche Produktion von lebenden, bio-aktiven Bauteilen

   - tote Bausubstanz wird minimiert
   - lebende Bausubstanz wird maximiert

6. Biotektur wächst für jede Generation teilweise neu aus alter Biomasse,
   jede Generation kann ihren eigenen Bautrieb ausleben.

7. Der Mensch ist nicht Beherrscher, sondern Partner von Pflanze und Tier. Pflanzen und Tiere bestimmen mit.

8. Menschen müssen alle ihre Lebensorgane und Sinne nützen können, sollen deren Funktionen vorsichtig an Maschinen delegieren. Nur lebende Umwelt bringt dieses vielfältige Nutzungspotential.

9. Wer eine Organisation gründet, sichert die Verhinderung ihres Zwecks.

Möglichkeiten für die Lösung ökologischer Probleme in der Stadt

1. Vorschläge zur Verbesserung des Stadtklimas und des Lufthaushaltes:

   Verringerung der Verbrennung und auch des äußeren Energieverbrauchs

   Verringerung von Schadstoffen und Abgasen durch Nutzung neuer Techniken

   Verringerung des Verkehrs mit Verbrennungsmotoren (alternative Verkehrsmittel), Elektrofahrzeuge, öffentliche Verkehrsmittel, Rad- und Fußwegenetze

   Vermehrung von Vegetation, Vergrößerung der Gewässerflächen

   Vermeidung von Windstau-Bereichen durch entsprechende Baukörperstellung

2. Vorschläge zur Sanierung des städtischen Wasserhaushalts:

Verringerung des Trinkwasserverbrauchs, Entwicklung von Brauchwassersystemen, Doppelnutzung

Entwicklung neuer Abwasser- und Aufbereitungssysteme, Verringerung der Wasserbelastungen

Nutzung und natürliche Führung des Regenwassers zum Grundwasser und in die Oberflächengewässer

Verringerung der Bodenversiegelung (offene Beläge)

Vermehrung der Vegetation

Vermehrung der Oberflächengewässer

3. Verringerung des Energieverbrauchs in Gewerbe- und Wohnbereichen:

Verbesserung des Wärmeschutzes (Gebäude)

Energienutzung durch Abwärme-Kaskaden

Nutzung der erneuerbaren Energiequellen

4. Vermehrung der inneren Stoffkreisläufe und Verringerung der Fremdstoffanteile:

Geringe Beanspruchung von Fremdstoffen

Weitgehende Nutzung der schon vorhandenen Materialien

5. Optimale Nutzung der stofflichen Reserven:

Verringerung der Abfallmengen, Entwicklung von Abfalltrennsystemen und Wiederverwendungsanlagen

Nutzung des örtlichen Materialangebots einschließlich Wiederverwendung

Verwendung aller Reststoffe ("Abfälle") und Verknüpfung der Materialflüsse

Entwicklung von innerstädtischen Nahrungsmittelproduktionen zusammen mit verstärkter Begrünung

6. Vorschläge zur biologischen Erneuerung in Städten:

Bodenbelebungsmaßnahmen

Wasserbiotope, Verbindung von Oberflächengewässern

Grünflächen, Dach- und Fassadenbegrünung

Weiterentwicklung von natürlichem Grün in Höfen, Gärten, Vorgärten, Freiflächen

(nach Per und Maria Krusche)

friedlicher Krieg

Strategien für den Kleinbereich

Ernährung:

Dachgewächshäuser Gartengewächshäuser	Gemüse, Salate Gewürzkräuter, Teekräuter Hackfrüchte, Bohnen
Fassadengrün	Bohnen, Hopfen, Trauben, Birnen, Äpfel, Aprikosen
Balkone	Fisch- und Krebsbecken
Dachböden, Terrassen	Tauben Bienen (nur windgeschützt und am Stadtrand)
Innenhöfe	Hühner, Hasen, Milchschafe (bedingt: Ziegen und Schweine) meist nur in Verbindung mit Außenstationen möglich Würmer, Tennessee-Wiggler Kompost: Kürbisse

Champignons, Pilze	Keller
Kartoffeln, Hackfrüchte, Getreide, Kraut, Karotten	Außenstation Gärtnerei
Beeren, Kräuter, Pilze	Außenstation Forst

Sanftes Heimwerk:

Integration von Wohnen, Arbeiten, Lehre

Rohwolle Färben, Spinnen, Weben, Stricken	Teppiche, Jacken, Mützen, Strümpfe
Felle und Leder Gerben	Jacken, Mäntel, Handschuhe, Hausschuhe, Mützen
Holzbearbeitung	Türen, Fenster, Stühle, Regale, Möbel, Pflanzbehälter, Zäune, Früchtetrockner, Käseformen, Solarbacköfen, Fliegenfallen, Vogelhäuser, Spindeln
Schreiben und Drucken	Schriften über autonomes und alternatives Leben Hilfe zur Selbsthilfe

Reststoff- und Rohstoffverwertung:

Papier	Verbrennen, Toilettenpapier, Isolation Kompostieren, Werkmaterial
Glas	Flaschen für Energiespeicher Glasbausteine, Sonnenkollektoren, Füllgut z.B. in Lehm, Mäuseschutz (Scherben in der Wand), Einmachgefäße
Metalle/Kunststoffe	Kauf von Lebensmitteln in Metall- oder Kunststoffbehältern wird reduziert
Holz aus der Außenstation	Werkstoff, Brennholz Raumheizung, Holzgas, Kompostmeiler
Organische Stoffe	Kompost, Biogas, Tierfutter, Fäkalien, Jauche, über Kaskaden Humusherstellung Biogas

Brauchwasser je nach Reinheitsgrad	zur Wäsche und Körperpflege Pflanzenbewässerung, Fischteich über Schilf- und Binsenkaskaden, Aufbereitung bei 5 qm Pflanzfläche pro Person, also Platzproblem in dicht besiedelten Stadtteilen.
Trinkwasser	Bei gegenwärtigen Verhältnissen mit diesem Konzept noch nicht lösbar, zunächst aus der Leitung oder der Flasche.

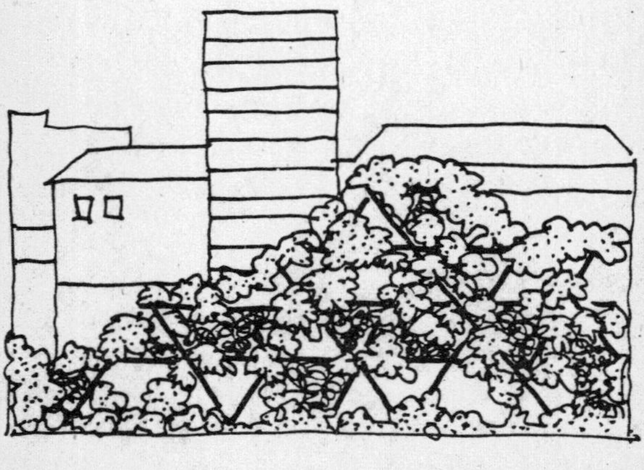

Das Biomobil kommt – ein Wachtraum

Was keine andere Stadt gewagt hat, Stuttgart tut's! Die Stadtväter haben beschlossen, 10 000 "Biomobile" anzuschaffen. Im sauerstoffarmen Talkessel werden in Zukunft immer mehr Muskel-Autos verkehren, "Biomobile" sollen rollen.

Für eine Million DM gibt es schon 1000 Biomobile! (Und was ist schon eine Million für Stuttgart!) Die Sauerstoffverhältnisse in Stuttgart werden durch Biomobile drastisch verbessert, CO_2 wird drastisch reduziert, Alt-Stuttgart wird wieder lebenswert.

Nicht Heimtrainer sollen in Zukunft Lebensfreude beschaffen, sondern das Muskelauto, das mit sechs Gängen jeden Berg schafft und lebensfrohe Büroarbeiter ausgearbeitet zum Schreibtisch und nach Hause bringt, kräftestrotzend, Lebenserwartung-maximierend, Krankenhaus-Säle-leerend, Sozialkosten sparend.

Die pure Vernunft hat gesiegt: Schon sind weitere Variationen des Biomobils in Sicht.

Eine superleichte Hochleistungsbatterie soll entwickelt werden, die im Biomobil noch zusätzlich einen kleinen Elektromotor antreibt. Diese Batterie wird von der solarzellen-bestückten Karosserie des Biomobils laufend aufgetankt.

Sogar ohne gesundheitsfördernde Muskelarbeit ist damit für die zweite Generation des Biomobils eine Reichweite von 50 km gesichert. Bergab braucht das Biomobil ohnehin keine Energie, es lädt sogar dabei auf für die Bergfahrt: Stuttgart ist also die ideale Biomobil-Stadt. Sie hat ihr "Vorwärts-zur-Natur" geschafft, kann buchstäblich wieder aufatmen.

Geräuschlos rollen Biomobile, Bürger grüßen sich wieder lächelnd von Bio zu Bio wie früher beim Spaziergang ... Zwei Biomobile pro Haushalt kosten DM 2 000,-- zusammen und keine Steuer, kein Benzin, kein Service.

Schon jetzt staunen die Kenner, warum wir das ungesunde und teure Benzinauto so lange dominieren ließen, warum wir so lange Stadt und Umwelt damit zerstört haben, warum wir mit Lärmschutz-Verordnungen gescheitert sind, anstatt mit dem Biomobil an die Wurzel aller Übel zu gehen. Der kluge Landesvater will gespartes Geld für Unfälle, Polizeieinsätze und Versicherungskosten gar zur Begrünung von Stadtfassaden einsetzen. Stuttgarts Fassaden sollen für die Biomobilfahrer Sauerstoff produzieren. Es soll nicht nur zufälliger Wind aus dem Schwarzwald die Vitalität der Landeshauptstadt bestimmen. Wer bislang an Vernunft und Mut unserer gewählten Volksvertreter gezweifelt hat, ist jetzt eindringlich gekontert: Die Vernunft hat gesiegt!

Unsere Volksvertreter schielen nicht nur nach den Steuergewinnen von Großfirmen, sondern zeigen selbst vorbildlich das biologisch Richtige - und schaffen damit sogar neue Arbeitsplätze für neue Zukunftsindustrien!

Schön wär's! Leider ist diese Geschichte nur ein Wachtraum ...

Rückblick - und zugleich Vision

Keiner wird mehr wissen, wer die "Vorwärts-zur Natur-Idee" hatte. Man handelte einfach, pflanzte, pflegte die Pflanzen und ließ sie wachsen. Ein Beispiel gab das andere. Kein Großprogramm, keine Großforschung, keine Grünbehörde. Die Bürger wurden sich ihrer Autonomie und so ihrer Möglichkeiten bewusst. Die ersten Erfolge stellten sich ein. Warum hätten die Pflanzen nicht wachsen sollen?

Es war der richtigere, manchmal auch härtere Weg. Es war die Abkehr von der Welt der toten Objekte. Die Ersatzwelten sanken in sich selber zusammen, weil sie nicht mehr nötig waren. Energiekriege erübrigten sich, weil die Rohstoffe nicht an fremden Orten geholt werden mussten, denn die Menschen hatten gelernt, Energie aus ihren Systemen zu gewinnen:

Tiere weiden ohne Ställe unter einer Polykultur von Bäumen, düngen diese. Dafür fallen ihnen Früchte vor die Füße, hängen ihnen Blätter vor der Nase. Und mittendrin, wie auf kleinen Lichtinseln, die selbstwachsenden, sich selbst-versorgenden und selbst-heizenden Pflanzenhäuser, in denen Menschen musisch wohnen.

Ab und zu kommt ein reitender Sänger, singt von den wüsten Zeiten des Industrialismus ...

Utopien - Träume? Gewiss ... Doch die Unruhen in

Kreuzberg, in Liverpool, Zürich oder auch anderswo sollten Hinweis genug sein dafür, wohin die totale Versteinerung und auch Ausbeutung nicht erneuerbarer Rohstoffe führt. Wer den Tagtraum lächerlich macht, tut dies oft nur, weil er sich vor dem nächsten Schritt, vor dem Verbessern der Verhältnisse fürchtet.

Unsere Städte brauchen wieder Luft und Natur, sollen sie nicht am eigenen "Fortschritt" ersticken. Nur ein Auflösen der harten Groß-Strukturen kann uns vor dem Würgegriff der Großtechnik retten.

Wer pflanzt den nächsten Baum?